KB044673

보험,
꼼수를 알아야
안 당한다

꼼수 보험설계에 안 당하는 득이 되는 보험가입과 보장

보험, 꼼수를 알아야 안 당한다

차병규

나에게 유리한 보험인가? 꼼수 보험설계사에게 유리한 보험인가?

보험설계사의 은밀한 꼼수를 알아야 제대로 가입하고 보장받는다

설계사 소개부터 상담, 가입, 보장까지 득이 되는 보험생활 총정리

밥북 B·BOOK

[프롤로그]

더 이상 꼼수보험설계에 휘둘리지 마세요!

"보험에 가입한다는 사람 있으면 도시락 싸 들고 다니면서 말리고 싶어요!"

몇 해 전에 보험금 미지급 및 보험피해 관련 자료를 인터넷을 통해 검색하다가 발견한 동영상에서 보험으로 피해를 본 가입자가 방송국 기자와의 인터뷰 중 제 가슴에 와 닿았던 멘트입니다. 도대체 보험 때문에 어떠한 상처를 입었기에 도시락까지 싸 들고 다니면서 보험가입을 말려야 한다는 것일까요? 도대체 그러한 보험에 가입시킨 사람은 누구였을까요?

보험에 가입하는 사람이 보험 일을 직업으로 하는 보험회사 직원 또는 보험설계사가 아닌 이상 가입하는 보험이 어떤 보험인지 100% 이해할 수 있는 사람은 그리 많지 않습니다. 오히려 많으면 이상하겠죠. 몇 년 전부터 온라인 생명보험이 판매되기 시작하면서 일반인들도 직접 자신의 보험상품을 설계하는 것이 가능해졌지만,

아직 보험에 가입하는 주요 방법은 보험설계사를 통한 상담입니다. 이를 잘 알고 있는 보험회사들은 온라인보험의 판매 비중을 급격하게 늘리기보다는 보험설계사들의 업무를 지원하는 사업방식을 여전히 고수하고 있습니다. 이처럼 보험가입은 과거나 지금이나 보험설계사의 역할이 중요한 만큼 어떤 보험설계사를 만나느냐에 따라 '좋은 보험'에 가입할 수도 있고, 아니면 정말 도시락을 싸 들고 다니면서 말려야 할 정도의 '나쁜 보험'에 가입할 수도 있습니다.

잘못된 보험가입으로 발생하는 피해 대부분은 보험가입자에게 돌아갑니다. 보험회사나 보험설계사가 아니라 보험가입자입니다. 억울하지 않을까요? 나는 보험이 필요해서 보험설계사를 소개받았고, 보험설계사가 권해주는 보험을 설명 듣고 고민한 끝에 10만원 이상 되는 보험료를 매월 납입하기로 결정하여 가입한 보험인데, 기대와는 달리 보험금 지급되지 않습니다. 설령 된다 하더라도 생각한 만큼에 못 미치고 설계사에게 설명 들었던 금액과도 전혀 다릅니다. 사실이 이렇다면 정말이지 억울하고 분하고, 도시락 싸 들고 다니면서 말려야 한다는 말이 이해가 갈 것입니다. 이보다 더한 잘못된 만남이 과연 있을까요? 이건 반드시 고쳐져야 하는 문제입니다. 잘못된 보험상품 가입으로 인한 피해를 가입자가 대부분 지는 현실, 행여나 보험회사에 민원을 제기하여 제대로 설명도 하지 않고 가입을 권한 설계사의 처벌을 원한다 하더라도 해당 설계사가 입는 피해보다는 가입자가 입는 금전적, 정신적, 기회비용의 손해가 훨씬 큰 이 불합리한 현실을 고쳐야 합니다.

타임머신이 개발되어 보험가입 하던 순간으로 돌아가 서명하려는 자신의 손모가지를 비틀 수만 있다면, 또는 나에게 거짓설명을 한 보험설계사를 소개받는 순간으로 돌아가 "나한테 왜 그랬어요!" 소리치며 뺨이라도 한 대 시원하게 때릴 수 있다면, 모든 문제가 해결되겠지만 현실적으로는 불가능한 얘기입니다. 그렇다면 어떻게 해야 할까요? 선량한 보험가입자들은 언제까지나 좋은 설계사를 만나기 위해 기도하고 운에만 의존해야만 할까요?

설계사들의 은밀한 꼼수를 공개하는 책을 만들어야겠다고 생각한 이유는 바로 여기에 있습니다. 9년째 보험 일을 직업으로 해오는 처지에서, 보험으로 인한 피해가 많으면 많을수록, 보험에 대한 나쁜 인식을 없애기 위한 설명과 설득에 소요되는 시간이 증가하고, 정신적 육체적 에너지가 많이 소모되었습니다. '나는 아무 잘못도 없는데 왜 내가 나쁜 설계사들 때문에 욕을 먹어야 하지?' '어떻게 하면 일반인이 좋은 설계사와 꼼수 설계사를 구분할 수 있을까?' 하는 생각이 들 수밖에 없었습니다. 고민 끝에 설계사들이 자주 활용하는 영업 노하우 중 꼼수로 이용될 수 있는 20가지를 추려 공개하기로 했습니다. 먼저 블로그와 페이스북, 그리고 기타 자유게시판 등을 통해 그들의 은밀한 수법을 공개하였고, 추천 수가 올라감에 따라 어느 정도 마음의 짐을 내려놓은 듯한 느낌이 들기도 했습니다.

서점의 보험·금융 코너에 가면 보험 관련 책들은 무수히 많습니다. 이 책은 기존의 보험서적과는 다릅니다. 기존 보험서적들이 주로 보험에 관심이 있거나 보험가입을 계획하는 사람들, 혹은 보험영업 초보자나 예비 보험설계사들을 위한 책이라면, 이 책은 보험가입을 계획하고 있는 사람들이 좋은 설계사와 꼼수 설계사를 구분하도록 도와주려는 책입니다. 보험가입을 생각하는 일반인이 꼼수보험설계에 당하지 않고 제대로 보험에 가입하여 보험의 가치를 제대로 누리도록 하려는 게 이 책의 목적입니다.

만약 이 책을 집어 든 당신이 초보 보험설계사로서 보험영업 노하우를 얻고자 한다면 그대로 손에서 내려놓기를 정중하게 권합니다. 이 책에는 꼼수 부리는 그들의 수법이 있을 뿐 보험영업 노하우는 없기 때문입니다.

그렇지만 이 책을 집어 든 당신이 주변 지인들로부터 보험설계사를 소개받아 보험 상담을 앞두고 있다면 책에 나와 있는 목차대로 꼭 읽어보기를 권합니다. 보험설계사를 만나기 전에 알아두어야 할 사항, 그들이 설명하는 내용을 알아듣기 위해서 미리 알고 있으면 좋을 내용, 보험설계사가 얘기하는 내용이 꼼수인지 아닌지를 판단하는 방법 등이 들어 있기 때문입니다. 이 책을 읽고 보험설계사를 만난다면 설계사는 '이 고객은 보험 지식이 상당한 사람이구나… 긴장하자'는 생각이 들도록 당신을 준 보험전문가로 만들어 줄 것입니다.

유대인들의 삶의 지침서인 탈무드에는 다음과 같은 명언이 있습니다.

"물고기를 잡아주기보다는 물고기를 잡는 법을 알려줘라!"

이를 보험에 적용한다면 다음과 같을 것입니다.

'보험 가입하는 방법을 알려주기보다는, 꼼수 설계를 구분하는 법을 알려줘라!'

이 책이 보험에 가입하면서 더 이상 꼼수에 휘둘리지 않는 데 작으나마 도움이 되기를 희망합니다.

2017년 12월 차영규

차례

1장

[보험가입 전 알아두면 좋은 것들]

2장

[보험설계사를 만나기 전 알아야 할 10가지]

3장

[보험설계사를 만날 때 알아야 할 20가지]
: 꼼수보험설계 20가지

4장

[보험가입 후 알아두면 좋은 것들]

5장

[더 알아도 좋은 것들]

1장

보험가입 전
알아두면 좋은 것들

이 책을 읽는 사람들은 크게 두 부류일 수 있다.

'뭐 이딴 책이 다 있어?'
괘씸하게 생각하는 보험설계사(현직 또는 전직)

'주변에서 보험가입 하라고 난리던데… 이번에 보험가입이나 해볼까?'
생각하는 일반인

지금까지 삶을 살아오면서 보험에 전혀 관심이 없었지만 최근 어떤 연유로 보험 하나 가입해볼까? 하는 생각이 들었다면, 현재 상황에서 보험의 특징 및 종류와 기능 등 세세한 부분까지 전부 알아둘 필요는 없다. 머리만 복잡해질뿐더러 보험에 가입해볼까 하는 생각마저도 사라져버릴 수 있기 때문이다. 초등학생이 고등학생이 겨우 풀 수학 문제를 배울 필요가 있을까? 걸음마도 떼지 못한 아이가 100m를 10초대에 끊는 법을 알아야 할 필요가 있을까? 보험에 관심이 겨우 생기기 시작한 상황에서는 1장에서 알려주는 보험가입에 관한 몇 가지만 알아두어도 관심을 이어 나가기에 충분하다.

보험이란 무엇인가?

"보험 하나 없는 사람이 어디 있겠어?"
"그거 보험금 받을 수 있는 거 아니야?"
"최소한 이 정도는 보험으로 가지고 있어야지."

'보험'이란 단어는 일상생활에서 무수히 많이 언급되는 단어이다. 그만큼 많은 사람들이 관심이 있고, 특히 보험금 지급 등에 대해서는 민감하게 반응하며(돈이 관련되어 있으니까 당연하겠지만), 누구 말대로 보험 하나 없는 사람은 없다고 봐도 무방할 정도로 보험은 우리 삶과 아주 밀접한 관계를 맺고 있다.

보험이란 과연 무엇일까? 보험영업을 본인의 업으로 생각하고 보험회사에 입사할 계획을 가진 사람이 아닌 이상은 전문적으로 알아둘 필요는 없지만, 최근 인기리에 방영되었던 TVN의 〈알쓸신잡〉(알아두면 쓸데없는 신비한 잡학사전)처럼 '알아두면 쓸데는 없지만 신비한 잡학지식'으로 뽐낼 수 있는 정도로 분명 써먹을 데는 있을 것이다.

보험을 일반인들이 이해할 수 있는 수준으로 설명하자면 다음과 같다.

자본주의 사회에서 같은 종류의 사고를 당할 위험성이 있는 많은 사람이 미리 금전을 각출하여 공통준비재산을 형성하고, 사고를 당한 사람이 이것으로부터 재산적 급여를 받는 경제제도.

백지장도 맞들면 낫다는 속담처럼 한 개인에게 닥칠 수 있는 질병이나 사고의 위험(여기에서 말하는 위험은 경제적인 위험·비용 부담)으로부터 보호받기 위해 동일한 목적을 가진 사람들이 십시일반 돈을 각출하여 공동의 자금을 마련하고, 돈이 필요한 상황이 발생하였을 때 정해진 규약에 따라 개인에게 돈을 지급하여 문제점을 해결하고 위험에서 벗어날 수 있게 하는 것이 바로 보험이다.

몇 가지 사례로 살펴보는 보험의 역사

보험은 공동체를 구성하는 구성원들의 욕구에 따라 다양한 형태로 만들어져 발전해 왔다. 〈베니스의 상인〉의 무대가 되었던 베네치아에서는 일찍부터 해상무역 및 교역이 활발하였고 이에 따라 배라는 교통수단이 상당히 중요했다. 배는 충분하게 발달하지 못했던 측량법과 항법체계 및 항해기술 때문에 바다 위에서 길을 잃는 일이 잦았고, 폭풍우 등으로 인명 및 재산의 피해 또한 많이 발생하였다. 이는 단순히 선주와 배를 타는 사람들에게만 국한되던 위험이 아니라 해상교역을 통해 물자를 주고받는 교역 도시들에도 큰 위험으로 작용할 수밖에 없었다. 특히 규모가 큰 선단을 이끄는 상인단체가 단 한 차례의 큰 폭풍우로 인해 큰 피해를 입을 경우 파급되는 손해는 상상을 초월할 정도였다.

이러한 위험을 회피하고 해결하기 위해 여러 상인들은 각자의 선박에 화물을 균등하게 나눠 실어 만에 하나 있을지도 모를 위험으로부터 화물의 손해를 최소화하는 방법을 이용했고, 더 나아가 공동의 자금을 모으고 규약을 마련하여 각종 상황 발생 시 금전적으로 도움을 주는 등, 해상보험의 모습을 갖추어 갔다(가장 오래된 해상보험은 1383년 피사, 1395년 베니스에서 체결된 계약).

1666년에는 영국 런던에서 대화재가 발생하였는데 당시 런던 시내 가옥의 80%를 태워버리는 피해를 줬다. 도시화로 인해 17세기 런던은 유럽에서 가장 큰 규모를 자랑하던 도시 중 하나였는데, 이런 도시화로 지방에서 런던으로 사람들이 몰리게 되었고, 지방에서 올라온 가난한 사람들이 나무를 이용하여 급하게 집을 지은 것이 화재 피해를 키운 주된 원인으로 밝혀졌다.

런던 대화재 이후 영국은 또다시 대화재가 발생할 것을 염려하여 석조와 벽돌을 이용한 건축물들을 짓기 시작하였고, 런던 시민들은 언제 또 다가올지 모르는 재앙에 대비하기 위해 인적·물적인 배상 대책을 마련하기 시작했는데 이것이 화재보험의 시초이다.

일찍부터 형태를 갖춘 해상보험, 화재보험에 비해 생명보험은 1700년대가 되어서야 일정한 보험료를 납부한 가입자가 사망할 경우 약정된 보험금을 지급함으로써 유족을 위로하고 예상되는 경제적 손실을 방지한다라는 개념의 생명보험회사(1706년 영국에서 설립된 아미카블 소사이어티가 최초의 생명보험회사)가 만들어졌다. 다른 보험에 비해 생명보험이 늦게 만들어진 이유는 당시로써는 인간의 사망률을 예측하고 보험료를 책정할 만한 기준이 존재하지 않았기 때문이다.

1706년 74명의 발기인을 모집하여 당시 왕이었던 앤 여왕의 특허장을 발급받아 설립된 생명보험은 1년 만에 가입자 목표치였던 2,000명을 달성하였고, 이후 런던에서만 2년 사이에 60개가 넘는 생명보험사가 만들어져 활발한 활동을 하게 된다.

대한민국 보험의 역사

대한민국 보험의 역사는 1876년 강화도 조약 체결 직후에 일본 보험회사들이 국내에 들어오면서부터 시작된다. 일본 보험회사들이 부산, 인천, 목포와 같은 항구도시에 대리점을 열자 위기감을 느낀 국내 자본가들은 우리나라 최초의 생명보험회사인 조선생명보험주식회사(1921)와 최초의 손해보험회사인 조선화재해상보험주식회사(1922)를 창립했다. 이 회사들은 일본의 지배를 받던 일제강점기에는 일본 보험회사들과의 경쟁에서 밀릴 수밖에 없었고, 해방 후에는 한국전쟁이 일어나 보험영업을 거의 하지 못하였다.

이후 1960년 경제개발계획이 추진되면서 생명보험회사를 국민들의 저축을 위한 기관으로 지정, 1970년대에는 본격적인 경제성장에 힘입어 생명보험업계가 발전하나 1977년 '보험의 해'로 지정되기 전까지의 정확한 기록은 존재하지 않는다. 일각에서는 전쟁으로 남편을 잃은 뒤 자식들을 제대로 키우기 위해서 어쩔 수 없이 생업전선에 뛰어든 이른바 아줌마들에 의해 생명보험 시장이 발전해 왔다고 주장하기도 하는데 이는 신빙성이 있는 주장으로 받아들여지고 있다.

그 뒤 1990년대에 보험시장이 개방되고 금융자율화 등으로 보험시장은 본격적인 경쟁체제로 전환되었고, 외국계 보험회사들의 국내시장 진출도 활발하게 이루어진다. 1997년 IMF로 인해 사망보험금의 중요성이 다시금 부각되면서 생명보험시장은 더욱 크게 확대되었다. 국내에 진출한 외국계 보험사들은 보험설계사를 기존의 아줌마 설계사가 아니라 4년제 대학을 졸업한 남성 위주로 뽑아 상담 인력의 전문화를 진행한다. 여기에 자극받은 국내 각 보험사도 선발 규정을 외국계 보험사처럼 바꾸면서 보험설계사의 전체적인 이미지가 한 단계 업그레이드됐다.

2000년대에는 보험업법 개정을 통한 방카슈랑스 제도가 도입되면서 은행에서도 보험상품을 취급할 수 있게 되었으며, 더 나아가 홈쇼핑, 대형마트는 물론, 인터넷을 통해서도 보험가입이 가능해지는 등 대한민국의 보험은 계속해서 발전하고 있다.

보험이 필요한 이유와 자신에게 필요한 보험 구분법

'보험은 왜 필요할까?' 보험의 역사를 통해 살펴본 바로는 개인이 감당하기 힘든 각종 위험으로 인한 경제적 손실을 보상받기 위함인데 21세기를 살아가는 현대인에게도 동일하게 적용되는 말일까?

과거보다 보험상품의 종류와 기능이 엄청나게 다양해짐에 따라 보험을 필요로 하는 개개인이 보험에 가입하려는 이유 또한 다양해지고 있다. 어떤 사람은 돈을 모으는 재테크 수단으로 보험에 가입하기도 하고, 또 어떤 사람은 가족 중에 암으로 치료받고 사망한 사람이 많아 암보험에 가입하기도 한다. 앞으로 태어날 소중한 아기에게 행여나 무슨 일이 생기지나 않을까 하는 자식 사랑을 이유로 어린이보험(태아보험)을 가입하는 사람도 있다.

보험의 종류 및 기능이 다양해지고 보험에 가입하려는 이유도 다양해졌지만 무엇인가에 대비하기 위해서라는 점은 과거나 지금이나 같다. 만약 이 글을 읽고 있는 당신이 보험에 가입해야겠어 생각이 들었다면 이제부터는 어떤 보험에 가입할지, 어떻게 가입하면 좋을지를 먼저 생각해야 한다. 당신이 가입할 수 있는 보험의 종류는 사망보험금이 보장되는 종신보험 및 정기보험, 사망보험금은 물론이고 각종 수술비와 암, 뇌질환, 심장질환 등의 보험금도 보장받을 수 있는 종신보험 및 통합보험, 병원에서 쓴 각종 검사비와 치료비를 보상받을 수 있는 실손의료비(이하 의료실비)보험 등의 보장성 보험과 저축 및 노후자금으로 사용할 수 있는 연금보험 및 저축성 보험 등으로 구분할 수 있다.

1) 병원비가 걱정될 경우: 의료실비보험

생명보험과 화재·손해보험으로 가입할 수 있는 의료실비보험은 병원에 입원하여 받게 되는 각종 검사 및 치료에 대해서 보험가입자가 지출한 병원비의 80~90%를 돌려받을 수 있는 보험으로, 보험료가 1년마다 갱신되며 인상될 확률이 높다는 단점이 있지만 이는 의료실비보험을 취급하는 모든 보험회사가 가지고 있는 동일한 특징(1년 갱신형)이기 때문에 보험료가 갱신되지 않는 실비보험 등의 선택은 할 수 없다. 열심히 경제활동을 해야 할 시기에 질병이나 사고로 인해 수술 및 입원을 하게 되어 경제적 손실이 발생하게 된다면 의료실비보험으로 충분히 보상받을 수 있다.

2) 질병이나 사고로 죽을 시 남겨질 소중한 사람이 걱정되는 경우 : 종신보험 및 정기보험

종신보험은 생명보험의 한 종류로 질병이나 사고로 인해 사망할 경우 지급되는 사망보험금이 주가 되는 보험이다. 기본적인 보험기간은 종신(終身)으로 평생, 사망하는 순간까지이다. 정기보험은 정해진 기간에만 보장되는 보험으로 보험기간이 평생인 종신보험보다 보험기간이 정해져 있기 때문에 상대적으로 낮은 보험료로 가입이 가능하다. 종신보험이나 정기보험의 사망보험금을 지급받는 수익자는 특정인을 지정할 수도 있고 별도로 지정하지 않아도 법정상속인 순서대로 보험금이 지급되는데 보험금 지급순위는 다음과 같다.

기혼자일 경우

1순위: 배우자 및 자녀(직계비속)

2순위: 부모 및 친조부모, 외조부모 등 피보험자(보험적용을 받는 사람)를 출생하게 한 친족

3순위: 형제자매

4순위: 조카, 생질, 백부, 숙모, 고모, 이모 등의 3촌 및 4촌을 포함한 방계혈족이다.

미혼자일 경우

기혼자의 1순위를 건너뛰어 2순위 법정상속인이 1순위가 된다.

만약 보험가입 시 보험금 수익자 및 상속인을 가족 중 특정 인물로 지정하고 싶다면 가족관계증명서 및 수익자 동의서, 가족도 아닌 제삼자를 수익자로 지정하고 싶다면 제삼자 수익자 지정 동의서를 제출하여 제삼자의 인적사항을 미리 알려야 한다(보험가입 이후에 수익자를 별도로 지정하는 것도 가능하다).

3) 암이나 성인병(뇌질환·심장질환) 등 가족력이 있는 경우 : 암보험 및 건강보험, 의료실비보험

대한민국 사망원인 1위가 암이라는 점은 각종 언론을 통해 널리 알려진 사실이다. 보험에 관심이 없는 사람이라고 하더라도 주변 또는 가족 중에 암으로 치료받은 사람이 생기면 우선 생각하는 보험이 바로 암보험이다. 암보험은 크게 두 가지로 성격을 나눌 수 있는데 단 1회만 지급되는 암진단금만 보장되는 암보험과 암진단금은 물론이고 암으로 수술 및 입원을 할 때마다 암수술비·암입원비도 받을 수 있는 암보험이 있다. 암은 생활습관 및 서구화된 식습관에 의해서도 발생하지만 유전적인 요인으로 발생할 확률이 높은 질병이기 때문에 암에 대한 가족력(암으로 치료받은 가족)이 있다면 암진단금 가입금액을 크게 설정하여 가입할 필요가 있다. 물론 암진단금 가입금액을 크게 설정하는 만큼 보험료가 비싸지는 점은 반드시 생각해야 한다. 한편으로는 암은 재발할 확률이 높은 질병이기 때문에 최초 1회 한

정으로 지급되는 암진단금만 크게 보장되는 비싼 암보험보다는 재발한 암으로 재수술 및 재입원을 할 경우에도 지급되는 암수술비·암입원비를 포함해 가입하는 방법이 더 효율적이기도 하다. 따라서 본인의 상황(가족력, 납입할 수 있는 보험료의 상한선 등)을 충분히 고려한 후에 암보험 가입을 결정 하는 게 무엇보다도 중요하다.

현재 판매되고 있는 건강보험 중에는 암진단비와 뇌졸중, 급성심근경색 진단비를 따로 가입할 필요 없이 단 하나의 건강보험 가입만으로도 모두 보장이 가능한 보험상품도 있으므로 가입자에게 주어진 보험상품 선택의 폭은 꽤 넓다고 할 수 있다.

4) 1, 2, 3번 모두 해당하는 경우

사람들이 흔히 알고 있는 '종신보험은 죽어야만 보험금이 지급되는 보험'이라는 보험상식은 보험설계를 어떻게 하느냐에 따라 맞기도 하고 틀리기도 한다. 종신보험은 다양한 특약들을 선택하여 가입할 수 있는데 수술비, 입원비, 암진단비, 암수술 및 암입원비, 성인병(뇌출혈, 급성심근경색) 진단비와 의료실비보험도 특약의 형태로 선택하여 한 번에 가입할 수 있다. 이런 식으로 가입하는 종신보험은 죽어야만 보험금이 지급되는 보험임은 물론이고 살아있을 때 발생하는 다양한 질병·사고로 인한 수술비와 입원비, 진단비까지도 지급되는 종합보험이라고 할 수 있다.

보험회사별로 통합보험이라는 이름으로 판매하기도 하지만, 사망 및 생존 시 발생할 수 있는 모든 종류의 위험으로부터 보험혜택을 받을 수 있다는 점은 동일하다.

5) 노후의 삶이 더 걱정되는 경우

젊고 신체 건강할 때는 열심히 경제활동을 하면서 돈을 벌 수 있고, 보험이 없어도 벌어놓은 돈으로 병원에서 치료도 받는다. 무엇보다 지금까지 아팠던 적이 없는 경우라면 지금 당장의 삶을 위한 보험가입보다는 노후의 삶을 위한 대비책 마련을 우선하여 생각한다. 이러한 사람들은 저축보험, 연금보험 등을 우선시하는 특징을 갖고 있다.

하지만 종신보험, 의료실비보험, 건강보험 등의 보장성보험이 단순히 지금 당장의 삶을 위한 보험만은 절대 아니다. 오히려 노후의 삶을 위해 미리 가입하는 보험이라고 봐야 하는데, 그 이유는 의외로 간단하다. 보험은 건강할 때만 가입할 수 있기 때문이다.

건강하고 한 살이라도 나이가 어리다면 더 저렴한 보험료로 본인이 필요로 하는 보장내용을 모두 선택하여 가입할 수 있지만, 건강하지 않을 경우(수술을 받았거나 암 등의 큰 병을 앓은 경험이 있을 경우)에는 보험혜택을 제한적으로 받거나 보험가입 자체가 아예 불가능할 수도 있다. 또한 나이가 들면 납입할 엄두가 나지 않을 정도로 보험료가 인상되거나, 최근 병원을 다녀왔던 의무기록 때문에 보험가입 자체가 안 되는 일 등도 충분히 발생할 수 있다. 이 때문에 보험은 건강하고 한 살이라도 어릴 때 가입해야만 나이가 들어 보험이 필요해도 가입을 못 하는 일을 막을 수 있다. 억만금이 있어도 건강을 잃게 되면 절대로 가입할 수 없는 것이 보험이다.

제아무리 연금을 제대로 준비해놨다고 하더라도 나이가 들어서 각종 치료비로 연금을 모두 소진해 버린다면? 몸이 아프기 시작하여 불안한 마음에 보험가입을 알아봤는데 보험료도 비싸고, 보험가입 자체가 불가능하다면? 이러한 일들이 발생하는 것을 막기 위해서라도 보장성보험은 반드시 미리 가입해야 하며, 이는 젊을 때만 도움이 되는 것이 아니라 나이 들어서도 진정으로 도움이 된다는 것을 알아야 한다.

보험에 가입하는 방법

보험에 가입하는 방법은 크게 세 가지로 나눌 수 있다.

- 보험설계사를 통한 보험가입
- 은행을 통한 보험가입
- 인터넷을 통한 온라인보험가입

1) 보험설계사를 통한 보험가입

과거로부터 지금까지 가장 널리 사용되는 보험가입 방법으로 전통적이라고도 말할 수 있는 방법이다. 주변의 지인들로부터 보험설계사를 소개받거나 또는 친한 지인이 어느 날 찾아와 "나 보험회사 들어갔어"라고 얘기하면서 보험가입을 권유받아 본 일은 누구나 경험이 있을 것이다.

보험설계사를 통한 보험가입의 가장 큰 장점은 설계사를 직접 만나서 궁금한 점에 대해 충분히 질문하고 설명을 들을 수 있다는 점이다. 하지만 세상에는 좋은 사람만 살고 있지는 않듯, 보험설계사 중에는 보험이라는 가치에 대한 비전을 품고서 아무리 힘들어도 평생 직업으로 삼고 오래 일하려는 사람들이 있는 반면에, 오로지 돈을 벌 생각 하나로만 고객을 속이거나 현혹시켜 보험가입을 시키고 더 많은 수당이 지급되는 보험만 설계하는 나쁜 사람들도 있다. 따라서 어떤 설계사를 만나고, 그 설계사가 어떤 보험영업을 하느냐에 따라 좋은 보험에 가입할 수도 있고 나쁜 보험에 가입할 수도 있다. 이 책을 통해 알리고자 하는 가장 중요한 주제는 바로 꼼수 설계사들을 구분하는 방법이다. 그들이 고객을 현혹시키기 위해 사용하는 은밀한 수법은 뒤에서 자세히 공개하겠다.

2) 은행을 통한 보험가입

2000년대 들어 보험업법이 개정되면서 보험상품을 은행에서도 취급할 수 있게 됨에 따라 방카슈랑스라는 개념이 정착한다. 은행을 뜻하는 Bank와 보험을 뜻하는 Assurance의 합성어로 보험업계에서는 방카라고 줄여서 부르고 있다. 은행을 통한 보험가입의 장점은 주변에 널리고 널린 게 은행 지점이기 때문에 시간과 공간의 제약을 받지 않는다는 점(물론 은행 업무

시간 내에만 가능함), 은행 업무를 보러 간 김에 그동안 관심 있었던 보험 상담도 받고 보험가입까지도 동시에 가능하다는 점 등인데 어느 정도는 맞는 말이다. 보험설계사를 만나기 위해서는 스케줄을 맞춘 뒤 약속을 정해야 하고, 장소도 정해야 하는 등 신경 써야 하지만, 주변에 주거래 은행이 있다면 본인이 편한 시간에 가서 은행업무도 보고, 보험 상담도 받을 수 있다는 점은 분명한 장점이다.

하지만 국내 은행 지점들의 치열한 경쟁의식, 실적 우선주의 때문에 많은 문제점이 발생하기도 한다. 은행의 각 지점은 다른 지점들과 실적 경쟁을 벌이는데 단순히 더 많은 적금·예금 계좌를 유치하거나, 더 많은 대출상품을 판매하는 것뿐만 아니라 더 많은 보험상품을 가입시켜야 하는 점도 주요 평가 기준에 들어간다. 그러다 보니 은행 창구 직원들은 적금도 유치해야 하고, 대출상품도 홍보해야 하고, 보험상품도 판매해야 하는 삼중고에 빠지고, 자연스레 보험상품에 대한 지식이 부족한 상태에서 그저 보험 판매에만 급급한 경우가 많아지고 있다. 심지어 주변 지인들에게 전화나 카톡을 통해 보험가입을 권하기도 하는 등 이루 말할 수 없는 고생을 하고 있다.

보험은 제대로 된 설계사를 통해 충분한 설명을 들어야만 오래 유지할 수 있는 좋은 보험에 가입할 확률이 그나마 높다. 밝은 미소로 고객을 응대하지만 마음은 실적압박이라는 콩밭에 가 있는(실제 은행에서 근무하는 사촌 동생의 증언) 바쁜 은행 직원들을 통한 보험가입은 분명 제대로 된 설명이 제한될 수밖에 없으며, 충분치 못한 설명만 듣고 가입한 보험은 중간에 해지할 확률이 높을 수밖에 없는, 끝이 좋지 않은 보험이 될 수밖에 없다.

3) 인터넷을 통한 온라인 보험가입

인터넷을 통한 온라인 보험의 경우 각 보험회사들이 설계사 통해 가입하는 보험보다 상대적으로 저렴한 보험료라는 부분을 앞세워 공격적인 마케팅을 벌이고 있다. 설계사에게 지급되는 수당이 없기 때문에 보험료를 더욱 낮출 수 있다는 점을 강조하는 것인데, 장점이 있는 만큼 단점도 존재하고 있다.

① 상품 내용 및 용어에 대한 이해 부족: 일반인 스스로 보험에 가입하는 데에 어려움이 없도록 홈페이지나 모바일 페이지를 아무리 쉽게 만들었다고 하더라도 모든 보험용어를 완벽하게 이해하기란 결코 쉬운 일이 아니다. 그리고 보험은 어떻게 설계하느냐에 따라 단순히 보험료만 변하는 것이 아니라 보험혜택을 받는 보험기간도 달라지며, 보험기간을 짧게 하는 게 좋은지 길게 하는 게 좋은지 등은 본인의 상황

및 상품의 기능에 대한 충분하고 확실한 이해가 수반되어야만 제대로 파악할 수 있다. 따라서 전반적인 내용에 대해서 충분히 설명을 들을 수 있는 설계사를 통한 보험가입에 비해 보험상품 가입설계가 잘못될 확률이 더 높다.

또한 온라인을 통해 판매되는 상품들의 경우 설계사를 통해 가입 가능한 상품들과 보장내용의 구성이 다르다는 점은 일반인들은 절대 알 수 없는 부분이다. 암보험을 예로 들면 대부분의 온라인 암보험 상품들은 단 1회만 지급되는 암진단금만 선택하여 가입할 수 있으며, 종신보험의 경우 흔히 말하는 죽어야만 도움이 되는 보험 개념에 충실한 사망보험금 외의 보험금(수술비, 입원비 등)은 보장이 되지 않는다. 일반인들로 하여금 설계사의 말에 휘둘리지 않으면서 본인에게 필요한 보험만 저렴하게, 선택적으로 가입하도록 하기 위한 취지로 만들어진 온라인보험이지만, 그 실상을 들여다보면 보험상품에 대한 이해가 제대로 되지 않은 상태에서 오히려 보험사의 의도대로 보험회사에 유리한 방법으로 보험에 가입할 위험성이 훨씬 높은 보험이라고 할 수 있다.

② 보험계약 관리의 어려움: 흔히 보험설계사로부터 "제대로 된 보험계약관리를 제공해드리겠습니다"라고 얘기를 들으면 어차피 보험계약 하면 연락도 안 할 거면서 관리는 무슨 관리

라고 생각하는 분들이 적지 않다. 하지만 보험계약 관리는 단순히 보험설계사가 가입자에게 연락을 자주 한다고 잘되는 것은 아니다. 보험계약 관리가 정말 필요한 때는 바로 보험금 청구를 할 때이다.

보험설계사를 통해 가입한 보험의 경우 설계사가 그만두거나 이직하지 않는 이상은 고객이 보험금 청구를 할 때 간단하게 설계사에게 연락하는 것만으로도 어떤 서류가 필요한지 알 수 있고, 가입자가 병원 서류를 받으러 갈 시간적 여유가 안 될 때는 설계사를 통해 대리 발급도 가능하며, 일반인들이 모르고 지나칠 수 있는 보험금도 받도록 관리를 받을 수 있다. 그러나 온라인 보험의 경우에는 가입자가 직접 해당 보험사 고객센터에 연락하여 보험금 청구 방법을 문의해야 하고, 보험서류를 발급하기 위해 병원을 다시 내원해야 하며, 보험금이 지급되는 치료인지 모르고 넘어가 보험금을 못 받는 일도 분명히 발생할 수 있다.

또한 온라인보험의 경우 보험금이 2개월 이상 연체되어 보험 효력이 정지된 것도 모르고 보험금 청구를 했다가 보험금 지급을 거부당한 사례도 있다(설계사를 통해 가입한 보험의 경우 보험료 연체 등에 대한 지속적인 관리가 가능하다).

이처럼 보험료가 저렴하다는 장점뿐만 아니라 오히려 더 심각해질 수 있는 문제점을 지니고 있는 것이 바로 온라인을 통해 가입한 보험이다.

좋은 보험설계사를 만날 확률을 높이는 방법

보험가입에서 어찌 보면 보험회사보다 훨씬 중요한 것이 바로 보험설계사이다. 보험 관련(특히 보험금 미지급) 사건이 발생할 경우 언론에 주로 보도되는 보험회사가 S생명, K생명, H생명, H화재, I생명 등, TV 광고를 통해 자주 접하면서 널리 알려진, 규모가 국내에서 다섯 손가락 안에 드는 큰 회사들인 경우인 것만 보더라도 잘 알려진 보험회사가 결코 좋은 보험회사는 아니라는 것을 알 수 있다.

하지만 보험설계사의 경우에는 어떤 보험설계사를 만나느냐에 따라 가입자의 상황을 충분히 고려하여 설계한 가입자에게 도움이 되는 좋은 보험에 가입할 수도 있고, 정반대로 가입자에게 제대로 설명도 하지 않고 그저 설계사 본인에게 수당이 많이 지급되도록 설계한 나쁜 보험에 가입할 수도 있다. 이것만 보더라도 보험에 가입하며 보험회사의 네임밸류만 따지기보다는 좋은 보험설계사를 만나기 위해 노력하는 것이 더 중요함을 알 수 있다.

그렇다면 좋은 보험설계사는 어떻게 해야 만날 수 있을까? 전생에 나라를 구했거나 매주 일요일 교회 또는 절에 가서 열심히 기도하고 헌금 및 공양을 많이 해야 만날 수 있을까? 아니면, 평소에 행실을 바르게 하고 오른손이 하는 일을 왼손이 모르게 하라는 말처럼 조용히 몰래 선행을 실천하며 덕을 쌓아야 할까? 좋은 보험설계사를 만나는 방법은 의외로 간단할 수도 복잡할 수도 있다.

1) 최소 3명 이상 보험설계사를 소개받아서 만난다

최소 보험 1개 정도 가입한 사람은 주변에서 쉽게 찾을 수 있다. 그들에게 우선 보험가입을 하려고 하는데 아는 보험설계사가 없다는 식으로 얘기하면서 아는 보험설계사가 있는지 물어본 뒤 소개를 받는다. 이 작업을 1번만 하는 것이 아니라 최소한 3명의 설계사를 소개받을 때까지 반복하는 게 좋다. 본인의 담당 설계사를 소개해주려면 평소 설계사를 통해 이런저런 관리를 받으며 어느 정도 설계사에 대해 만족감을 느끼고 있어야지만 소개해주고 싶은 마음이 조금이라도 생긴다. 그런데 실제로는 보험가입 시킨 뒤 쌩(?)까거나, 1년이 채 안 되어 보험회사를 옮기거나 그만두면서 연락을 끊어 버리는 설계사들이 부지기수이다. 그러므로 옥석을 가려내기 위해서는 주변 지인들에게 끊임없이 보험설계사 소개요청을 해서 최소 3명의 설계사를 확보한 뒤, 점심시간이나 여유시간(30분이면 충분)을 활용하여 직접 만나보고 어떤 보험설계사인지 파악할 필요가 있다.

2) 장기근속 중인 설계사를 가려낸다

보험설계사를 3명 확보하는 데 성공했다면 다음 단계는 장기근속 중인 설계사를 가려내는 것이다. 장기근속의 기준은 설계사 개인별로 기준이 다를 수 있지만, 보통 보험업계에서는 최소 5년 이상 근무한 설계사를 장기근속 설계사라고 인정을 해주는 경향이 있다. 매년 무수히 많은 보험설계사가 보험영업에 뛰어들지만 1년 이내에 60% 이상이 그만두고, 2년 이내에는 80% 가까운 설계사들이 보험회사를 옮기거나 아예 다른 업계로 이직하는 일이 다반사이다. 보험영업은 겉으로 보기에는 늘 깨끗하고 단정한 옷을 입고, 격식을 차리며, 좋은 차를 타고 다니는 것처럼 보이지만 실제로는 늘 실적압박에 시달리고, 사람과의 관계에서 상처도 많이 받으며, 상대적 박탈감이 엄청 심해질 수도 있는 극한 직업이라는 점을 간과해서는 안 된다.

그래서 보험회사를 이리저리 옮기지 않고 한 회사에서만 악착같이 살아남아 영업을 해 오고 있는 보험설계사를 만나야 한다. 그런 설계사라면 5년이라는 시간 동안 무수히 많은 일을 겪으면서 강한 멘탈을 갖추었을 테고, 무수히 많은 위기를 극복하면서 나름 살아남는 방법을 터득하여 돈만을 좇아 이리저리 옮겨 다니는 이른바 철새 보험설계사들과는 마음가짐부터가 다를 것이기 때문이다. 보험설계사에게 돈은도 물론 무시 못할 가치이지만, 내가 9년 동안 보험영업을 하면서 경험한 바로는 돈을 좇아 보험영업을 하는 설계사들은 잠깐(1~2년)은 잘 나갈지 모르지만 2년이 지나면 대부분 보험회사를 옮기거나 그만두었다. 따라서 주변 지인들로부터 확보한 3명의 보험설계사를 만난다면 우선 "지금 회사에서는 얼마나 근무하셨나요?" 물어보는 게 중요하다.

3) 지인이 보험회사에 들어갔다고 찾아온다면 우선은 거절해라

앞에 언급한 보험설계사를 소개받는 방법보다 어찌 보면 훨씬 쉬운 방법은 본인의 친구들 중에서 보험 일을 하는 친구를 수소문하는 것이다. 이는 가장 쉬운 방법임에는 분명하지만 가장 잃을 것이 많은 방법이기도 하다. 누구나 한동안 연락이 없던 친한 친구로부터 갑자기 "오랜만이야~ 잘 지내지? 지나는 길에 들를게, 밥이나 먹자"는 연락을 받은 적이 있을 것이다. 그렇게 해서 만난 친구는 이런저런 사는 얘기를 하다가 "나 최근에 보험회사 들어갔어"라고 얘기를 하며 왜 보험회사에 들어갔는지, 어떤 포부를 가지고 있는지 등을 이야기하기 시작한다. 보통 보험회사에 들어오는 사람들은 말 잘한다고 칭찬받던 사람들이 다수이기 때문에 어느새 고개를 끄덕이며 '잘 됐다. 얘한테 보험이나 물어볼까?' 생각할 것이다.

정말 친한 친구이고, 어떤 성향을 가진 친구인지 잘 파악하고 있다면 친구를 믿고 보험에 가입하는 것이 결코 나쁜 방법은 아니다. 그 친구가 정말 오랫동안 고심한 끝에 보험 일을 시작하기로 결정했고, 많은 공부와 수행을 통해 어느 정도 보험설계사로서의 지식을 갖추었다면 초반 시행착오는 있을지 모르지만 노력 여하에 따라 충분히 롱런하면서 올바른 보험영업을 할 수도 있기 때문이다. 하지만, 결코 호락호락하지 않은 것이 보험영업이기 때문에 최악의 경우를 가정해야만 한다. 친한 친구 믿고 보험에 가입했는데 오래 일할 거라고 했던 친구는 1년이 채 안 되어 보험 일을 그만두었다. 주변에서 이런저런 얘기를 들어보니 자신이 가입한 보험의 내용이 좀 아닌 것 같아서 해지하려 알아보았더니 그동안 낸 보험료의 10%가 채 안 되는 돈만 받을 수 있다고 한다면? 그 일 때문에 친했던 친구와의 관계까지 서먹서먹하게 될 것이며 뿐만 아니라 친한 친구까지도 잃게 될 것이다. 이 때문에 가장 쉬운 방법이면서 가장 잃는 것이 많을 수도 있는 방법이라고 하였다.

보험회사에 갓 입사한 친한 친구가 찾아와서 점심 맛있게 먹은 후에 보험가입을 권유한다면 우선 정중하고 기분 상하지 않게 거절하는 게 좋다. 다음과 같이 얘기해 보자.

"OOO야. 실은 내가 친한 친구 통해서 보험가입 했다가 크게 덴 적이 있어서 이제는 좀 신중하려고 해. 지금 다니는 회사에 단체보험도 가입되어 있기도 하고… 지금 말고 한 1년 뒤에 다시 얘기하면 안 될까? 그때는 정말 보험가입 신중하게 고려해볼게.”

1년 정도면 친구로서도 보험 일을 계속해야 할지 말아야 할지 어느 정도는 파악할 수 있을 것이고, 1년 동안 많은 보험 상담을 통해 경험도 쌓을 것이며, 무엇보다 초반 입사발(지인영업)을 세우며 쉽게 영업할 때보다는 어느 정도 가망고객 명단이 바닥날 때쯤 도와주는 것이 보험설계사 친구에게 더 도움이 될 것이다. 이것이 친구와의 의리도 지키면서 진정으로 친구를 도와주면서 보험 가입하는 방법이다.

4) 각종 인증 마크를 확인한다

마지막 방법은 가장 객관적으로 보험설계사를 평가하는 기준으로 삼을 수는 있지만, 어디까지나 참고만 하는 것이 좋다. 보험설계사들은 생명보험협회 등으로부터 일정 수준의 업적(계약 건수, 계약 유지율, 월 급여 등)을 충족시키면 ‘우수인증설계사’라는 인증을 받되고, 매년 갱신을 하게 된다. 또한 ‘MDRT’(Million Dollar Round Table)라고 해서 연봉 1억 원 받는 보험설계사들임을 인증받기도 한다. 우수인증설계사나 MDRT 인증마크는 돈만 내면 얼마든지 명함에 넣을 수 있다는 점 때문에 100% 신뢰할 수는 없다. 이와 같은 인증을 받았다고 해서 꼭 올바른 영업만을 하는 설계사라고 할 수도 없고, 특히 MDRT 인증 같은 경우에는 돈을 좇는 영업을 하며 보험회사 이리저리 옮겨 다니는 철새설계사들의 경우에도 취득할 수 있기 때문에 그 자체가 보험설계사를 완벽하게 설명해 줄 수는 없다. 물론 본인만의 뛰어난 영업 수완을 발휘하여 모든 인증을 받으며 롱런하는 설계사들도 많지만 그렇지 않은 경우도 그에 못지않게 많기에 어디까지나 참고만 하는 것이 좋다.

2장

보험설계사를 만나기 전 알아야 할 10가지

1장의 내용을 통해 보험의 대략적인 역사와 보험의 필요성, 보험에 가입하는 방법 및 보험설계사를 소개받는 방법 등 보험가입 전 알아두면 좋은 것들에 대해 어느 정도 파악하였다.

이제는 보험설계사를 소개받고 만나기 전 알아야 할 내용을 살펴볼 차례이다. 보험설계사를 만나서 설명을 들을 때 등장하는 온갖 보험용어들을 몰라 상담 내내 멍~ 해지지 않기 위해서는 보험설계 및 상담시 자주 등장하는 용어들을 알아 둘 필요가 있다.

보험용어나 보험별 특징을 어느 정도 이해하고 보험상담을 받는다면 상담 소요 시간을 줄일 수 있으며, 상담을 마친 후 설계사가 제공한 상담자료를 살펴보며 검토하는 데도 도움이 되기 때문이다.

생명보험과 화재보험·손해보험의 구분

보험은 그 종류도 참으로 다양하다. 종신보험, 암보험, 건강보험, 실비보험, 연금보험, 저축보험, 변액보험 등등 나열하기에도 벅찰 정도로 많다. 보험회사별로 판매하는 보험상품의 이름도 정말이지 대단한 작명 센스를 가지고 있다고 생각이 들 정도로 같은 보험이라도 전혀 새로운 이름을 붙여 판매하고 있다.

그러나 제아무리 다양한 종류의 보험, 전혀 다른 이름의 보험상품이라고 하더라도 이러한 상품들의 근본이 되는 개념은 단 두 가지뿐이다.

생명보험과 화재보험·손해보험

이미 1장의 내용을 통해 생명보험의 개념 및 역사 등은 간략하게 소개하였지만, 생명보험의 개념을 조금 더 이해하기 쉽게 설명한다. 생명보험은 '사람'에 관련된 보험이다. 다시 말해 사망, 질병, 사고, 입원, 노후생활 등 사람에게 일어날 수 있는 다양한 위험으로부터 보호받을 수 있는 보험이 생명보험이다.

화재보험·손해보험은 그 기원이 집, 물건 등의 재산과 재물에 발생하는 화재나 손해로부터 도움을 받는 데 있었다. 배를 운영하는 선사들이 해상에서 발생할 수 있는 위험으로부터 재물(배)과 사람을 보호하기 위해 가입했던 보험이 해상화재보험이었다. 하지만 보험이 보편화 되면서 위와 같은 구분은 의미가 없어졌으며, 화재보험·손해보험도 사망, 질병, 사고, 입원, 노후생활 등 사람에게 일어날 수 있는 다양한 위험은 물론, 재산과 재물에 발생할 수 있는 손해 등을 보상받을 수 있는 보험이 되었다. 하지만 자동차보험이나 건물 화재보험, 식당이나 기타 영업시설의 영업배상책임보험 등은 생명보험에서는 취급할 수 없는 화재보험·손해보험만의 고유영역으로, 전통적인 화재보험·손해보험의 개념을 가장 잘 나타내는 보험이다.

생명보험과 화재보험·손해보험은 여러 가지 면에서 서로 다른 특징을 가지고 있다. 그중에서 가장 큰 차이점은 바로 수술보험금의 보장내용 및 보장금액이다.

1) 생명보험과 화재보험·손해보험 수술보험금의 근본적인 차이

화재보험·손해보험의 수술보험금 특약 약관 내용을 살펴보면 다음과 같은 보험금 지급에 관한 세부규정이 나와 있다.

제2조(보험금 지급에 관한 세부규정)

① 제1조(보험금의 지급사유)의 질병수술비는 같은 질병으로 두 종류 이상의 질환 수술을 받은 경우에는 하나의 질병수술비만 지급합니다. 다만, 질환 수술을 받고 365일이 경과한 후 같은 질병으로 새로운 수술을 받은 경우에는 다른 질병으로 간주하고 제1조(보험금의 지급사유)에 따라 보험금을 지급합니다.

제2조(보험금 지급에 관한 세부규정)

① 피보험자가 동일한 상해를 직접적인 원인으로 두 종류 이상의 상해수술을 받은 경우에는 하나의 보험금만 지급합니다.

화재보험·손해보험의 수술비 약관에 따르면 1년 이내 동일한 원인(질병 또는 상해)으로 인한 재수술은 보장되지 않고, 동일 원인으로 두 종류 이상의 수술을 받은 경우에는 여러 신체 부위 중 한 부위에 해당하는 수술보험금만 지급된다.

그렇다면 생명보험의 수술보험금은 어떤 방식으로 지급될까?

제 5 조 【 보험금 지급에 관한 세부규정 】

① 주계약의 보험료 납입이 면제되었을 경우에는 이 특약의 보험료도 납입을 면제하여 드립니다.
② 회사는 피보험자가 동시에 두 종류 이상의 수술을 받은 경우에는 그 수술 중 가장 높은 급여에 해당하는 한 종류의 수술에 대해서만 수술급여금을 지급합니다. 다만, 동시에 두 종류 이상의 수술을 받은 경우라 하더라도 동일한 신체부위가 아닌 경우로서 의학적으로 치료목적이 다른 독립적인 수술을 받은 경우에는 각각의 수술급여금을 지급합니다.
③ 제2항에서 동일한 신체부위라 함은 각각 눈, 귀, 코, 씹어 먹거나 말하기 기능과 관련된 신체부위, 머리, 목, 척추(등뼈), 체간골, 흉부장기 · 복부장기 · 비뇨생식기, 팔, 다리, 손가락, 발가락을 말하며, 눈, 귀, 팔, 다리는 좌 · 우를 각각 다른 신체부위로 봅니다.

생명보험의 수술보험금 약관에 따르면 1년 이내의 동일한 원인으로 인한 재수술도 보장되며, 서로 다른 신체 부위에 여러 가지 수술을 받을 경우에는 각 부위의 수술보험금(수술급여금)이 지급된다.

2) 생명보험과 화재보험·손해보험 수술보험금의 보장금액 차이

화재보험·손해보험의 경우 모든 질병 및 상해(사고)로 인한 수술비는 가입금액에 따라 보통 30만원~50만원의 수술보험금이 지급되며, 특정 질병(암, 성인병, 그 밖의 7대 질병, 16대 질병, 20대 질병, 30대 질병 등)의 수술보험금은 별도의 특약을 선택해야만 추가적인 수술보험금을 지급받을 수 있다(그림 1. 참조).

[그림 1] 화재보험·손해보험 약관의 목차(질병 수술비의 종류를 확인할 수 있음)

생명보험 수술비는 특정 질병 수술비를 더 보장받기 위해 별도의 특약을 선택해야만 하는 화재보험·손해보험과는 달리 기본적인 수술보험금 특약 안에 모든 종류의 질병·사고로 인한 수술들을 포함시키고 있다(그림 2. 참조).

보험금 지급기준표

[기준 : 특약보험가입금액 1,000만원]

급여명	지급사유	지급금액			
		종류	제1보험기간	제2보험기간	제3보험기간
수술급여금	이 특약의 보험기간 중 피보험자에게 질병 또는 재해가 발생하고 그 치료를 직접적인 목적으로 1~5종 수술분류표에서 정한 수술을 받았을 경우(수술 1회당)	1종	10만원	20만원	30만원
		2종	30만원	60만원	90만원
		3종	50만원	100만원	150만원
		4종	100만원	200만원	300만원
		5종	400만원	800만원	1200만원

(주) 1. 주계약의 보험료 납입이 면제된 경우에는 이 특약의 보험료 납입도 면제하여 드립니다.
2. 이 특약의 보험기간은 계약일부터 제1전환나이의 계약해당일 전일까지를 "제1보험기간", 제1전환나이의 계약해당일부터 제2전환나이의 계약해당일 전일까지를 "제2보험기간", 제2전환나이의 계약해당일부터 100세 계약해당일 전일까지를 "제3보험기간"이라 하며, 각각의 전환나이는 피보험자의 보험나이를 기준으로 합니다.
3. 이 특약은 전환나이에 따라 제1형과 제2형으로 구분되며 제1형의 경우 제1전환나이는 55세, 제2전환나이는 65세이며 제2형의 경우 제1전환나이는 65세, 제2전환나이는 75세입니다.
4. 회사는 피보험자가 동시에 두 종류 이상의 수술을 받은 경우에는 그 수술 중 가장 높은 급여에 해당하는 한 종류의 수술에 대해서만 수술급여금을 지급합니다. 다만, 동시에 두 종류 이상의 수술을 받은 경우라 하더라도 동일한 신체부위가 아닌 경우로서 의학적으로 치료목적이 다른 독립적인 수술을 받은 경우에는 각각의 수술급여금을 지급합니다.
5. 제4항에서 동일한 신체부위라 함은 각각 눈, 귀, 코, 씹어 먹거나 말하기 기능과 관련된 신체부위, 머리, 목, 척추(등뼈), 체간골, 흉부장기 · 복부장기 · 비뇨생식기, 팔, 다리, 손가락, 발가락을 말하며, 눈, 귀, 팔, 다리는 좌 · 우를 각각 다른 신체부위로 봅니다.

[그림 2] 생명보험 수술비 약관의 보험금 지급기준표(질병 및 사고로 인한 수술의 종류를 1종~5종으로 구분하여 보험금을 지급함)

참고로 생명보험과 화재보험·손해보험 상품의 가입을 고려할 때 수술보험금의 보장금액도 중요하지만, 더 중요한 것은 보장내용이다. 자동차 사고가 발생하여 머리와 팔, 다리에 수술을 받았을 경우 생명보험은 머리, 팔, 다리 각각의 부위에 대해서 보험금이 지급되지만, 화재보험·손해보험에서는 교통사고라는 동일 원인으로 인한 수술이기 때문에 한 부위에 대한 수술비만 지급한다. 어디까지나 개인적인 판단이지만, 위와 같은 차이점 때문에 수술비의 경우 생명보험상품으로 가입하기를 권하고 있다.

3) 생명보험과 화재보험·손해보험이 취급하는 보험상품의 종류

생명보험: 종신보험, 건강보험, 암보험, 통합보험, 실손의료비보험(의료실비보험), 연금보험, 저축보험 등

화재보험·손해보험: 건강보험, 암보험, 통합보험, 실손 의료비(의료실비보험), 연금보험, 저축보험, 여행자보험, 배상책임보험, 자동차보험, 운전자 보험 등

생명보험과 화재보험·손해보험은 이 밖에도 여러 가지 차이점과 다른 특징이 존재하지만, 보험설계사가 될 생각이 아니라면 이 정도만 알아두어도 충분하다.

보장성보험과 저축성보험의 의미

나는 뼛속까지 문과생인지라 고등학교 때 배운 미분, 적분, 화학 공식 등은 전혀 생각나지 않지만 문학 시간에 배웠던 김춘수 시인의 '꽃'이라는 시는 아직도 기억하고 있다.

"내가 그의 이름을 불러주기 전에는
그는 다만
하나의 몸짓에 지나지 않았다

내가 그의 이름을 불러주었을 때
그는 나에게로 와서
꽃이 되었다"

고등학생 당시에는 그저 시험을 보기 위해 주입식으로 시를 이해하느라 진정한 의미를 제대로 느낄 여유가 없었지만, 어른이 되어 다시 읽어보면 마음에 잔잔한 바람이 부는 느낌이 드는 시이다.

보험을 업으로 하고 있는 나에게 김춘수의 '꽃'은 다음과 같이 이해되기도 한다.

내가 보험의 내용을 알아보기 전에는
보험은 다만
하나의 가입상품에 지나지 않았다

내가 보험의 내용을 알게 되었을 때
보험은 나에게로 와서
좋은 친구가 되었다

보험의 의미, 보험의 개념, 보험의 종류나 특징을 알지 못하는 상태에서는 보험은 그저 옆 사람이 가입하기에 아무 생각 없이 따라서 가입하는 상품, 주변에서 보험이 필요하다고 하도 난리를 피워 어쩔 수 없이 돈 아깝다는 생각을 하며 가입하는 상품이다. 앞으로 20년을 보험료 낼 생각하면 앞이 깜깜해지는 상품에 불과하지만, 최소한의 보험에 대한 정보와 일반인들이 알아두면 좋은 것들만이라도 이해한다면 보험은 도움이 필요할 때 제대로 써먹을 수 있는 든든한 친구가 될 수 있다.

TV나 라디오 등에서 흘러나오는 보험광고를 들어보면 보장자산, 보장성보험, 저축보험 등의 단어를 쉽게 들을 수 있다. 하지만 나와는 상관없는 내용이라고 생각하기 때문에 아무 생각 없이 흘려보내기 일쑤다. 설령 보험에 가입할 일이 없다고 하더라도 보장성보험과 저축성보험의 개념 정도는 상식으로 알아두는 게 좋다.

"도대체 뭐를 보장한다는 거죠? 저축이라면 은행에서 하는 그 저축을 말하나요?"

실제 상담시 상담요청인으로부터 들었던 질문이다.

1) 보장성보험

쉽게 말하면 나에게 닥칠 수 있는 질병, 사고나 사망의 위험으로부터 보호, 보장받을 수 있는 보험이다. 종신보험, 암보험, 건강보험, 실비보험 등을 보장성보험이라고 한다. 보장성보험으로 받을 수 있는 보험금도 어느 정도 자산 개념으로 이해할 수 있기 때문에 보장자산이라는 단어를 이용하여 설명하고 있다. 생명보험은 물론이고 화재보험·손해보험 등으로도 보장성보험 가입이 가능하며, 보장금액 및 보장내용은 약간의 차이는 있을지언정 크게 다른 점은 없다.

2) 저축성보험

단어 그대로 저축, 즉 재산을 형성할 수 있는 보험을 저축성

보험이라고 한다. 투자성 보험상품이라고도 할 수 있으며, 저축보험, 연금보험 등을 칭하는 단어이다. 일상생활에서 저축이라는 단어를 자주 쓰기도 하고, 주변에 널린 은행 지점을 바라볼 때마다 '저축 좀 해야 하는데…'라는 생각을 자주 하기 때문에 다른 보험용어보다 더 친근하게 느껴질 것이다.

한 가지 알아두어야 하는 점은 보험회사에서 의미하는 저축과 은행에서 사용하는 저축은 단어의 뜻은 동일하지만 적용되는 개념은 크게 다르다는 것이다.

보험회사의 저축상품, 저축보험은 보험상품의 한 종류이기 때문에 가입자가 납입하는 보험료에서 일정 비율의 사업비를 차감한 후에 저축(적립)이 되며, 이 때문에 단기간에 해지할 경우 납입원금에 채 못 미치는 해지환급금이 지급될 확률이 매우 높다. 이런 점 때문에 보험상품은 은행의 적금상품처럼 단기간 운영하는 게 아니라 최소 10년 이상 유지할 생각으로 가입하는 장기상품이라고 칭해지며, 10년 유지시 주어지는 비과세혜택과 오래 유지할수록 이자에 이자가 붙는 복리이자라는 혜택을 받을 수 있다.

은행의 저축상품은 적금이 대표적인데, 보험회사의 저축상품과 달리 만기가 되기 전에 단 하루를 맡기고 해지하더라도 저축한 원금은 그대로 돌려받을 수 있으며, 별도의 사업비도 차감되지 않는다. 대신에 은행은 고객들이 맡긴 돈으로 이자 장사를 하여 수익을 올리는데, 이 수익으로 은행 운영자금(지점 월세, 직원 월급, 대출금으로 활용 등)을 마련하고, 운영자금을 제한 나머지 금액을 가입자들에게 몇% 이율이라는 이름을 붙여서 돌려주고 있다. 은행은 사람들로부터 돈을 받아 그 돈을 필요한 사람들에게 빌려주어 수익을 남기고 있는데, 우리가 받는 이자는 왜 점점 낮아지기만 하는 것일까…?

저축성보험에 가입할 때에는 적정 수준 보험료(본인 월 소득의 15~20%)는 물론이고, 얼마나 유지할 생각이고 언제 필요한 돈을 만들기 위해 가입하려는 것인지 등의 계획이 충분히 고려해야 한다. 만약 10년 이상 오래 유지하면서 비과세혜택이나 세액공제혜택을 받으면서 복리이자도 받고, 나중에 연금으로도 활용할 생각이라면 은행보다는 보험회사의 저축상품을 선택하는 게 유리하다. 하지만 10년 이내의 단기·중기자금(결혼자금, 주택구입자금, 목돈 마련 등)이 주된 목적이라면 보험회사보다는 은행의 적금·예금 상품이나 증권사의 채권 또는 펀드상품을 선택하는 게 더 유리하고 손해 볼 확률을 줄일 수 있다.

보험회사와 은행에서 사용하는 저축이라는 개념의 차이점! 꼭 기억하기 바란다!

중요한 보험용어들

1) 보험료 납입기간

쉽게 말해 보험료를 내는 기간(보험회사가 보험료를 빼앗아 가는 기간)이다. 납입기간은 보험회사별로 다르게 설정될 수 있지만 보통 5년납, 7년납, 10년납, 15년납, 20년납, 55세납, 60세납, 70세납, 전기납으로 구분되는데, 전기납은 보험이 종료되는 순간까지 계속 보험료를 납입한다는 의미이다.

같은 보험혜택(보장내용)이라도 납입기간이 짧을수록 매월 납입하는 보험료는 비싸지고, 납입기간이 길수록 보험료는 저렴해지지만, 이는 어디까지나 매월 납입하는 보험료에 한정되는 이야기이며, 총 납입보험료는 납입기간이 짧을수록 줄어들고 길수록 늘어나게 된다. 예시표(그림 3.)를 보면 알 수 있지만 똑같은 보장금액의 보험이라도 납입기간이 짧으면 매월 납입하는 보험료는 더 비싸게 느껴지지만, 납입기간 동안 총 납입하는 보험료는 훨씬 줄어들게 된다.

	보험종류	보험기간	납입기간	가입금액(만원)	보험료(원)
주계약	무배당 종신Plus보험 1종	종신	20년납	5,000	165,000
		합계			165,000

36세 남성 기준으로 죽을때까지 평생 보장되는 5,000만원 사망보험금 : 20년동안 납입할 경우 매월 165,000원. 20년 동안 내는 총보험료는 39,600,000원

	보험종류	보험기간	납입기간	가입금액(만원)	보험료(원)
주계약	무배당 종신Plus보험 1종	종신	65세납	5,000	126,500
		합계			126,500

36세 남성 기준으로 죽을때까지 평생 보장되는 5,000만원 사망보험금 : 65세까지 납입할 경우(29년) 매월 126,500원. 29년 동안 내는 총보험료는 44,022,000원

[그림 3] 보험료 납입 예시표

그러나 납입기간이 짧은 게 좋은지, 길어야 좋은지 딱 정해진 답은 없다. 납입기간을 정할 때 가장 중요한 것은 자신에게 맞는 납입기간을 정하는 것이다. 개인적으로는 보통 경제활동을 하는 동안 보험료를 납입하는 게 좋다고 여겨 평균적인 경제활동 기간인 20년을 추천하고 있으나 이것도 어디까지나 추천일 뿐이고 강요는 아니다. 어디까지나 선택은 가입자가 직접 하는 것이다. 몇 년을 납입하는 게 좋을지를 생각하기보다는, 이 정도 기간 이 정도 돈은 처음부터 없었던 돈이라고 생각해도 괜찮은 기간을 고려하여 보험료 납입기간을 선택하기 바란다.

2) 보험기간

보험기간은 말 그대로 보험혜택을 받는 기간, 보험이 제 기능을 하는 기간이다. 보험기간의 경우 보험상품의 종류에 따라 가입자가 선택할 수 있는 게 있고 할 수 없는 게 있다.

생명보험의 한 종류인 종신보험의 경우 기본적으로 세팅되는 주계약, 가입자가 필요한 부분을 선택하는 특약으로 구분되는데, 종신보험의 주계약 보험기간은 상품 이름처럼 종신, 즉 평생, 죽을 때까지이다. 가입자가 조정할 수는 없다. 하지만 특약의 경우에는 상품별로 약간의 차이는 있지만 보통 60세, 70세, 80세, 100세 등에서 선택 가능하다.

암보험의 경우 주계약은 종신 또는 100세, 80세가 일반적이며, 암보험에서 선택할 수 있는 특약도 80세, 100세 등으로 선택 가능하다.

화재보험·손해보험의 경우에는 기본적으로 세팅되는 기본계약(생명보험의 주계약과 같은 의미)은 80세, 100세로 구분되며, 선택계약(생명보험의 특약과 같은 의미)도 60세, 70세, 80세, 100세 등으로 선택이 가능하다.

보험기간도 보험가입자의 상황에 맞게 선택해야겠지만, 평균수명이 점점 늘어나고 있다는 점을 감안한다면 보험기간은 길면 길수록 좋다.

3) 보험 상령일

보험 상령일은 '보험나이가 증가하는 날'을 뜻한다. 보험료는 나이가 증가할수록 인상되는데, 보험료 증가에 적용되는 나이는 우리 생각처럼 생일이 지나면 한 살 증가하는 나이가 아니라 보험에서 사용하는 보험나이를 뜻한다.

보험나이는 자신의 생일로부터 6개월 뒤에 증가하는데, 5월 5일이 생일인 경우에는 6개월 뒤인 11월 5일에 보험나이가 한 살 증가한다. 따라서 보험 상령일이 지나기 전에 보험에 가입해야 연령 증가에 따른 보험료 인상을 막을 수 있으며, 상령일 전날까지 모든 보험가입 절차(서명, 초회보험료 납입, 가입서류 입력)가 마무리되어야 한다. 그렇지 않으면 단 하루 차이로 최소 2~3,000원의 보험료 차이가 발생할 수 있다.

따라서 같은 보장금액, 같은 보험혜택의 보험을 조금이라도 더 저렴하게 가입하기 위해서는 보험 상령일을 반드시 기억해 두는 것이 좋다.

종신보험(終身保險)

흔히 종신보험이라고 하면 죽어야만 보험금이 지급되는 보험이라고 생각하기 쉽다. 죽으면 보험금이 지급되는 보험은 맞지만, 죽어야만 보험금이 지급되는 것은 아니다. 다양한 특약을 포함시켜 사망시는 물론, 살아있을 때도, 더 나아가 은퇴 이후에 필요한 노후자금을 마련할 수도 있는 종합보험이라고 해야 맞다.

인터넷 백과사전에서 정의 내리고 있는 종신보험의 단어 그대로의 의미는 다음과 같다.

"정기보험과 같이 보험기간을 한정하지 않고 전생에, 즉 피보험자가 사망할 때까지를 보험기간으로 하고 있다. 보험금은 사망하였을 때에만 지급되므로, 주로 피보험자가 사망한 후의 유족의 생활보장을 목적으로 한다. 보험료 불입기간은 종신불, 유한불, 일시불 등이 있다."

(몸을 더 이상 못 움직여 몸의 기능이 완전히 종료되었을 경우 사

망보험금 등의 보험혜택을 받을 수 있는 보험=종신보험)

영어로는 Whole Life Insurance, 전 생애에 걸쳐 보험혜택을 받을 수 있다는 뜻으로 사용되고 있다.

전통적인 의미에서 보자면 종신보험은 죽으면 보험금이 지급되는 보험이 맞다. 이러한 점을 마케팅에 잘 활용한 집단이 80년대 이후 급격히 늘어난 소위 아줌마 설계사들이며, IMF를 거치면서는 외국계 보험사의 남성 설계사들이 사망보험금은 최소 10억이라는 식의 캠페인을 펼치며 '종신보험=사망보험'이라는 공식을 확고히 하였다. 하지만 일부 회사의 보험광고는 남편(가장)의 존재를 그저 10억이라는 가치로만 여기고 있는 듯한 뉘앙스를 주면서 많은 비판을 받기도 하였다.

여기까지만 보면 종신보험은 단순히 죽어야만 보험금이 지급되어 유가족들에게 도움을 주는 보험으로 생각될 수 있지만 종신보험은 단순히 죽어야만 도움이 되는 보험은 절대 아니다.

1) 종신보험은 죽어야만 도움이 되는 보험이다?

다양한 보장성 특약(수술비, 입원비, 암, 성인병 등)을 선택하여 가입할 경우 살아있는 동안 발생할 수 있는 다양한 위험으로부터 충분하게 보호받을 수 있으며, 신체에 동일 원인(질병 또는 사고)으로 인해 50% 이상 후유장해가 발생할 경우 보험료 납입이 면제되고, 해지환급금을 연금으로 전환하여 사용할 수 있는 기능도 기본적으로 포함하고 있다. 즉, 죽을 때는 물론 살아있을 때도 충분히 도움이 되는 보험이 종신보험이다.

2) 종신보험은 비싸기만 한 보험이다?

종신보험이 비싼 이유는 사망보험금이 종신토록, 평생, 죽을 때까지 보장되기 때문이다. 81년생 성인남성(36세)이 1억원이라는 보험금을 평생 보장받으면서, 사망시 유가족에게 1억원이 지급되는 보험에 가입하는 경우를 가정(20년 납입)한다면 월 보험료는 무려 32만원에 달한다.

	보험종류	보험기간	납입기간	가입금액(만원)	보험료(원)
주계약	무배당 종신Plus보험 1종	종신	20년납	10,000	322,000
		합계			322,000

1억원이라는 사망보험금은 죽어야만 받을 수 있고, 죽기 전에는 아무 소용이 없는, 그야말로 그림의 떡인 보험금일 뿐인데 월 32만원을 내야 한다면 당연히 부질없다는 생각이 들 수밖에 없다. 물론, 이는 개인의 가치관에 따라 다르겠지만 나 역시도 그런 생각이 든다….

그러나 사망보험금이 언제 가장 필요한지, 사망보험금의 목적 등에 대해 생각하고 종신보험에 가입한다면 보험료를 줄이면서도 사망보험금의 기능은 제대로 활용할 수 있다.

	보험종류	보험기간	납입기간	가입금액(만원)	보험료(원)
주계약	무배당 종신Plus보험 1종	종신	20년납	5,000	165,000
특약1	무배당 정기특약	60세보장	20년납	5,000	15,000
		합계			180,000

1억원이 평생 보장되는 게 아니라, 사망보험금이 가장 필요한 시기(자녀들이 성인이 되는 시점)까지는 1억원이 보장되고, 그 이후에는 사후정리자금(3,000~5,000만원)만 보장받도록 설계한다면 월 보험료는 18만원까지 내려간다. 그리고 2~3년 전부터 유행하고 있는 저해지환급형종신보험에 가입할 경우 일반 종신보험보다 평균 15~20% 정도 저렴하게 종신보험에 가입할 수도 있다.

보장성보험(종신, 암, 건강, 실비보험 등)의 적정 수준 보험료는 본인 월 소득의 8~9%대이다. 여유가 된다면, 그리고 거액의 상속세 마련 등의 확고한 플랜이 있다면 월 소득의 9%를 훨씬 넘기는 보험료로 종신보험에 가입할 수도 있겠지만, 일반적인 삶을 살아가는 평범한 사람들이라면 일하는 동안(평균 20년) 월 소득의 8~9% 정도만 보장성보험료로 납입하고, 생활비를 제외한 나머지는 저축 및 연금 등의 노후자금 마련에 투자하는 것이 더 효율적인 보험가입 방법이다.

다시 한번 강조한다.

종신보험은 죽어야만 도움이 되는 보험이 아니다. 종신보험은 제대로만 가입하면 죽을 때는 물론, 살아있을 때도, 노후생활을 하는 데에도 금전적, 심리적 안정감을 줄 수 있는 종합보험이다.

정기보험(定期保險)

앞서 살펴본 종신보험은 사망보험금이 종신토록, 죽을 때까지 보장되기 때문에 종신보험이라고 불리며 보험료가 비쌀 수밖에 없다. 이번에 소개하는 보험은 종신보험처럼 사망보험금을 보장받을 수 있지만 보험료는 훨씬 저렴한 정기보험(定期保險)이다.

정기보험은 보험금을 평생 보장받는 게 아니라 필요한 시기까지만 받을 수도 있는 보험으로 다음과 같이 간단하게 한 줄로 정의내릴 수 있다.

가입자가 설정한 기간 동안만 보험혜택을 받을 수 있는 보험

정기보험은 단순히 사망보험금만 보장되는 것은 아니다. 종신보험이 사망보험금은 물론 각종 수술비, 입원비, 암과 성인병 보장을 특약으로 선택하여 가입할 수 있듯, 정기보험도 상품 종류에 따라 수술비, 입원비, 암, 성인병 관련된 보장을 특약으로 선택하여 가입

할 수도 있다.

그리고 종신보험과 달리 보험기간이 짧기 때문에(20년, 60세, 80세, 5년 갱신형 등) 보험료는 종신보험에 비해 상대적으로 저렴하다. 하지만 보험기간 이후에는 아무런 보험혜택을 받을 수 없고, 해지환급금도 종신보험에 비해 적거나 아예 없을 수도 있기 때문에 보험료가 저렴하다고 해서 무조건 종신보험보다 더 좋은 보험이라고 말할 수는 없다.

정기보험은 종신토록 보장되는 보험에 별다른 메리트를 느끼지 못하거나, 보험료를 조금이라도 더 낮추어서 보험에 가입하고 싶은 사람들에게는 종신보험보다 더 나은 선택이 될 수 있다. 하지만, 보험에 가입하려는 목적이 충분한 사망보험금을 길게 보장받는 것인 사람들에게는 적합하지 않은 보험이기도 하다.

또한, 정기보험은 종신보험에 가입할 때 정기특약이라는 특약의 형태로 선택하여 가입도 가능한데, 이럴 경우 정기보험을 따로 가입할 때보다 더 저렴하게 원하는 보장을 추가할 수 있다. 그 이유는 정기보험을 따로 가입하는 경우에는 보험회사별로 최저보험료, 최저가입금액이라는 것을 설정하는데 이 최저 조건을 충족시켜야만 가입이 가능하기 때문이다. 예를 들어 정기보험의 최저보험료가 4만원이라면 어찌 되었든 간에 4만원 이하로는 보험료가 내려가지 않는다는 것, 최소한 4만원의 보험료를 설정해야 가입이 가능하다는 뜻이다. 그렇지만 정기특약의 경우 강제적인 최저보험료가 아니라 어디까지나 가입자가 원하는 금액을 선택하는 것으로 보험료를 가입자가 원하는 만큼 저렴하게 납입할 수도 있다.

해지 또는 수십 년 뒤 보험 만기가 되어야 지급되는 해지환급금에 별다른 매력을 느끼지 못 하거나, 종신토록 보장되는 사망보험금보다는 본인이 생각하는 사망보험금이 필요한 시기까지만 저렴하게 보험혜택을 받고 싶다면? 정기보험을 선택하는 게 훨씬 유리하다.

암보험의 정의와 보장내용

아무리 보험에 대한 인식이 안 좋거나 보험의 필요성을 못 느끼는 사람이라고 하더라도 '암보험은 하나 정도는 있어야겠지' 하고 한번쯤 생각해보았을 만큼 암보험은 너무나도 널리 알려진 보험이다. 보험회사별로 취급하는 상품의 이름은 다양하지만 암이라는 단어가 들어가기 때문에 어떤 질병이 보장되는 보험인지도 쉽게 알 수 있다.

1) 암보험의 정의

암보험이란 '암이 원인이 되어 입원, 요양 또는 사망한 피보험자에게 보험금이 지급되는 보험'이다

사망보험금 이외의 다른 보장성특약을 선택하지 않은 전통적인 종신보험처럼 사망시에 일정액의 보험금만 지급되는 것이 아니라, 가입자가 보험기간 동안 암에 걸릴 경우 암치료비로 쓸 수 있는 보험금을 지급하고, 암으로 사망하면 사망보험금을 지

급하는 보험이다.

2) 암보험의 보장내용

암보험의 보장내용은 암으로 진단받을 경우 지급되는 암진단금과, 암이 원인이 되어 수술을 받거나 입원할 경우 지급되는 암수술비·암입원비, 항암방사선이나 항암약물치료를 받을 경우 지급되는 항암방사선약물치료비 등이 기본이 된다.

가입자의 선택에 따라 암보험 전용상품에 가입할 수도 있고, 다른 보험(생명보험, 화재보험 등)에 특약의 형태로 암 관련 보장을 선택하여 가입할 수도 있지만, 일부 보험사들의 경우 암보험임에도 불구하고 암 이외의 질병이나 사고에 대한 수술비, 입원비까지도 보장되는 암종신보험 상품도 판매하고 있어 가입자들의 선택의 폭이 넓어졌다.

3) 암보험 보험료 납입방법

암보험도 다른 보험들과 마찬가지로 갱신형과 비갱신형으로 구분된다.

갱신형 암보험의 경우 갱신주기(3년·5년·15년 등)마다 보험료가 인상 또는 인하되면서 보험기간이 갱신되는 보험이지만, 보험사 입장에서는 암이라고 하는 질병의 보장금액이 다른 질병에 비해 크고, 의학기술 발달로 암 발생률이 낮아지고 있다고는 하나 암 발생률이 0%가 되지 않는 한 가입자들에게 암보험금을 반드시 지급해야 할 부담이 있기 때문에, 갱신 시점이 되면 다른 질병이나 사고들에 비해 상대적으로 높은 보험료 인상률을 적용하고 있다. 또한 과거 암보험상품의 경우 현재 판매되는 상품보다 보장금액, 보장범위 면에서 월등히 뛰어났기 때문에 보험사 입장에서는 손해율이 더욱 커질 수밖에 없으므로 이러한 손해를 만회하기 위해서라도 갱신형 암보험 판매에 집중하는 상황이다. 보험회사는 합법적으로 갱신시 보험료를 더 거두어들일 수 있기 때문이다.

일부 보험설계사들은 암 발생률이 조금씩 낮아지고 있기 때문에 "갱신형 암보험에 가입하여 유지하더라도 갱신시 보험료가 크게 오르지는 않을 것"이라고 얘기하지만, 암발생률이 조금씩 낮아질 뿐이지 아예 발생하지 않는다는 것은 아니다. 그리고 암 발생률이 낮아지기 이전에 암보험에 가입한 고객들이 암에 걸려 암보험금을 지급받을 경우 발생하는 보험사의 손해율 증가에 대한 책임 및 부담을 보험가입자들이 나누어 갖는 것이 암보험이기 때문에 보험료가 내려갈 확률보다는 오를 확률이 월등히 높다.

또한 갱신형 암보험의 경우 보험료가 적게 오르든 크게 오르든 간에 보험을 유지하는 기간에는 보험료를 계속 납입해야 하므로 경제활동을 하지 않는 노후 시기에는 보험료 부담이 더욱 가중될 수밖에 없다. 80세, 90세가 넘어서도 보험료를 계속 납입해야 하는 건 당연한 사실이다.

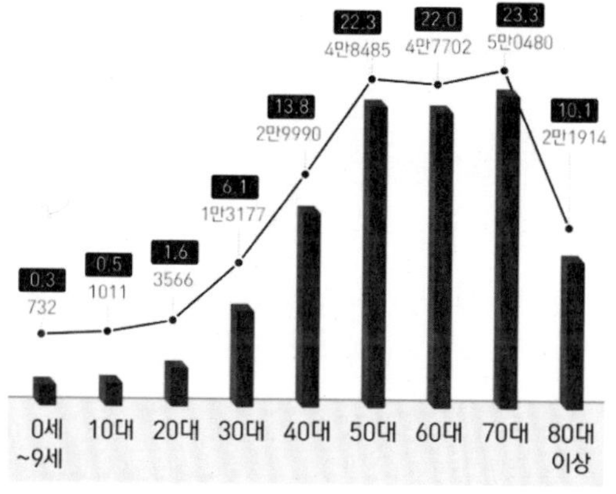

[그림 4] 생명보험협회, 2014년 기준 연령별 암 발생현황

4) 좋은 암보험 선택하는 방법

갱신형보다는 비갱신형

사망원인 1위를 수년째 암이 차지하고 있으며, 암에 대한 발생률이 결코 낮지 않은 대한민국. 그로 인해 암에 대한 관심이 높을 수밖에 없는 우리나라에서는 암보험은 많이 팔면 팔수록 보험회사는 손해가 날 수밖에 없기 때문에 보험회사들은 어떻게 해서든 보험료를 올리기 위한 온갖 꼼수를 부리고 있다. 대

표적인 꼼수는 2,000년대 중반 암보험 판매를 중단했다가 몇 해 지나 갱신형 암보험을 새로 판매하기 시작했다는 점이다. 암보험을 갱신형으로 가입할 경우 사고나 사망 관련된 보험을 갱신형으로 가입하는 경우보다 갱신시 보험료가 더 비싸게 인상될 확률이 높고, 보험회사 입장에서는 가만히 앉아서 보험료를 더 거두어들일 수 있기 때문에 많은 보험회사들이 갱신형 암보험 판매에 집중하고 있다. 그러므로 제대로 된 보험상담을 통해 본인의 가족력, 경제상황에 맞는 비갱신형 암보험에 가입하는 게 가입자들에게 유리하지만 안타깝게도 S생명, K생명, H생명, I생명 등의 회사 규모가 큰 보험사들은 암에 관련된 보험은 대부분 갱신형으로만 판매하고 있다.

암진단금만 보장되는 암보험보다는 수술비, 입원비도 보장되는 암보험

최초 1회만 지급되는 암진단금보다는 암으로 인한 수술을 받을 때마다 지급되는 암수술비, 암으로 입원을 하게 될 때마다 지급되는 암입원비, 그리고 항암방사선 및 약물 치료비도 보장되는 암보험에 가입하는 게 좋다. 회사별로 재진단암(재발암)이 보장되기도 하지만, 재진단암(재발암) 진단금의 경우 대부분 갱신형으로만 가입이 가능하다는 단점이 있다. 그러므로 갱신형으로 재진단암 진단금이 지급되는 보험보다는 재진단암으로 수술·입원을 할 경우에도 지급되는 비갱신형 암수술비, 암입원비가 포함된 암보험에 가입하는 게 좋다.

암에 대한 가족력 확인

가족들 중(친가 및 외가)에 암으로 치료받은 사람이 있거나 암으로 사망하는 등의 가족력이 있다면 암보험에 가입할 때 암진단금이나 암수술비, 암입원비 등의 가입금액을 조금 더 올려서 가입하는 게 좋다. 암이 발생하는 원인에는 여러 가지가 있지만 유전적 질환이라는 부분이 차지하는 비중이 상당하기 때문에 암에 대한 가족력은 반드시 확인해야 한다.

암진단금 보장범위가 넓은 암보험을 선택하라

암진단금은 보통 고액암, 일반암, 소액치료비암 등으로 구분되지만, 일부 보험회사들이 최근에 출시한 암보험의 경우 고액암, 일반암, 소액치료비암 외에도 유방암 및 남녀생식기암이라는 부분이 추가되어 있다. 얼핏 보면 유방암과 남녀생식기암도 따로 보장되는 보험이라고 착각하기 쉽지만, 사실은 일반암에서 보장되던 유방암과 남녀생식기암을 따로 구분하여 일반암보다 더 적은 암진단금을 지급하려는 보험회사의 꼼수이다. 유방암과 남녀생식기암의 경우 조기에 발견하는 경우가 많아지며 보험회사 입장에서는 더 많은 보험금을 지급할 수밖에 없게 되자, 늘어나는 보험금 지출로 인한 손해를 만회하기 위해 유방암, 남녀생식기암을 따로 구분하여, 일반암 진단금이라면 1,000만원 지급해야 할 유방암 남녀생식기암 진단금을 더 적은 금액인 500만원만 지급하는 것이다. 따라서 암보험에 가입할 때에는 유방암 및 남녀생식기암이 따로 구분되는 보험보다는 일반암으로 보장되는 암보험에 가입하는 게 좋다.

암은 치료보다는 예방이 최선이라고 한다. 하지만 아무리 주의하고 예방해도 암에 걸릴 수 있다. 이런 경우를 대비해서 최소한의 암치료비는 암보험으로 미리미리 준비해야 한다.

보험금 지급기준표

• 암진단급여금

[기준 : 특약보험가입금액 1,000만원]

지급사유	지급금액
이 특약의 보험기간 중 피보험자가 암보장개시일 이후에 "고액치료비 암" 또는 "고액치료비 암 이외의 암"으로 진단확정 되었을 경우 (다만, 최초 1회의 진단 확정에 한함)	– 고액치료비 암 : 가입 후 보험년도에 따라 "고액치료비 암 이외의 암" 암진단급여금의 1.5배 지급 – 고액치료비 암 이외의 암 : 가입 후 보험년도에 따라 아래와 같이 차등하여 지급함

보험년도	암진단급여금	보험년도	암진단급여금
~ 2년	500만원	16년	1,550만원
3년 ~ 5년	1,000만원	17년	1,600만원
6년	1,050만원	18년	1,650만원
7년	1,100만원	19년	1,700만원
8년	1,150만원	20년	1,750만원
9년	1,200만원	21년	1,800만원
10년	1,250만원	22년	1,850만원
11년	1,300만원	23년	1,900만원
12년	1,350만원	24년	1,950만원
13년	1,400만원	25년	2,000만원
14년	1,450만원	이후	2,000만원
15년	1,500만원		

• 소액치료비암진단급여금

지급사유	지급금액
이 특약의 보험기간 중 피보험자가 기타피부암, 제자리암, 경계성종양, 갑상선암 또는 대장점막내암으로 진단확정 되었을 경우 (다만, 각각 최초 1회의 진단 확정에 한함)	보험계약일부터 2년 미만 경과했을 때 : 150만원 보험계약일부터 2년 이상 경과했을 때 : 300만원

[그림 5] 유방암과 남녀생식기암은 따로 구분하지 않고 일반암에 포함시키고 있는 P생명

<별표 1>

보험금 지급기준표

(기준: 특약보험가입구좌 1구좌)

(1) 암진단급여금 (제3조 제1호)

구 분	지 급 사 유	지 급 금 액
암진단급여금 (제3조 제1호)	피보험자가 이 특약의 보험기간 중 "암에 대한 보장개시일" 이후 "암"으로 진단확정 되었을 경우 (다만, "일반암", "유방암" 또는 "남녀생식기암" 중 최초 1회의 진단확정에 한하여 지급합니다)	"일반암"으로 진단확정 되었을 경우: 1,000만원 (다만, 최초계약에서 계약일부터 1년 미만에 지급사유가 발생한 때에는 약정한 보험금의 50%를 지급합니다) "유방암" 또는 "남녀생식기암"으로 진단확정 되었을 경우: 300만원 (다만, 최초계약에서 계약일부터 1년 미만에 지급사유가 발생한 때에는 약정한 보험금의 50%를 지급합니다)

(2) 소액암진단급여금 (제3조 제2호)

구 분	지 급 사 유	지 급 금 액
소액암진단급여금 (제3조 제2호)	피보험자가 이 특약의 보험기간 중 "대장점막내암", "기타피부암", "갑상선암", "제자리암" 또는 "경계성종양"으로 진단확정 되었을 경우	각각 최초 1회에 한하여 100만원 (다만, 최초계약에서 계약일부터 1년 미만에 지급사유가 발생한 때에는 약정한 보험금의 50%를 지급합니다)

[그림 6] 유방암·남녀생식기암을 별도의 암으로 구분하는 보험사와 그렇지 않은 보험사의 약관상 보험금 지급기준표. 유방암, 남녀생식기암을 따로 구분하는 I생명

보험료 납입일·자동이체일

납입일, 이체일, 자동이체일, 다른 뜻을 지닌 말처럼 보이지만 의미를 살펴보면 보험료 내는 날, 보험료 빠져나가는 날이다.

납입일은 보험료를 내는 날, 이체일은 보험료를 통장에서 이체해야 하는 날, 자동이체일은 보험료가 통장에서 자동으로 빠져나가는 날이다. 너무 간단한 뜻이라 의미 자체를 설명하는 것조차 어색하게 느껴지기도 한다. 후라이드치킨, 양념치킨, 간장치킨이 어떤 맛인지 설명할 필요가 없는 것과 마찬가지이다.

1) 보험료 납입방법

자동이체: 가입자가 보험가입 시 정할 수 있는 보험료 납입방법으로 가입자가 보험료 납입을 원하는 통장의 계좌에서 일정한 날짜마다 보험료가 자동으로 이체되는 방법이다. 회사별로 약간의 차이는 있을 수 있지만 보통 5일·10일·15일·20일·25일 등의

5일 단위로 설정할 수 있으며, 자동이체에 따른 보험료 할인이 가능하기도 하다(월 보험료의 1%를 자동이체 할인으로 적용).

지로납입: 가입자가 정한 납입일 이전에 보험회사로부터 지로를 배송받아 직접 은행이나 편의점 등을 방문하여 보험료를 납입하는 방법이다.

직접입금: 보험료를 가입자가 원하는 은행의 가상계좌를 발급받아 직접 납입하는 방법으로, 각 보험사의 고객센터를 통해 가입자 이름으로 된 일회용 가상계좌를 발급받아 납입할 수 있다.

카드납입: 가입자가 원하는 신용카드로 보험료를 납입하는 방법으로 정해진 날짜에 자동으로 결제가 되지만, 신용카드 수수료 부담을 하지 않으려는 보험사들에 의해 많이 사라진 납입방법이다. 카드납이 가능한 보험회사들의 경우 보험회사 고객센터에 가입자가 매번 직접 전화를 걸어 신용카드 정보를 제공한 뒤 승인번호를 확인해야 하는 번거로움이 있다.

2) 보험료 납입 관련 Q&A

Q: 보험료가 연체되면 보험이 해지되나요?

A: 보험료는 2개월까지는 납입하지 않아도(연체가 되어도)보험

혜택은 동일하게 받을 수 있다. 그러나 3개월째가 되면 해당 보험은 실효 상태로 전환되어 보험효력이 사라지므로 반드시 그 전에 연체된 보험료를 납입해야 하며, 2개월 치 보험료를 납입하는 것이 부담스러울 경우에는 1개월 치 보험료만이라도 납입하면 보험이 실효 상태로 전환되는 것을 막을 수 있다.

Q: 보험료 납입일에 통장에 잔고가 없어 보험료 납입을 못 한 경우 어떻게 해야 하나요?

A: 자동이체일에 통장 잔고가 부족하여 보험료 납입이 안 되었다고 보험이 바로 해지되거나 실효가 되진 않다. 5일 단위로 보험료 자동이체 시도를 하기 때문에 5일에 보험료가 빠져나가지 않았어도 5일 뒤인 10일에 통장에 잔고가 있을 경우 보험료가 자동으로 납부된다. 주말이 낀 경우에는 주말 이후 월요일에 보험료가 자동이체 되며, 매월 말일에 한 번 더 보험료 인출이 시도되므로 말일까지만 통장에 잔고를 채워 놓으면 보험이 실효될 일은 없다. 그래도 불안할 경우에는 해당 보험사 고객센터에 전화하면 바로 보험료 즉시출금 신청이 가능하다. 보험회사에서는 보험료가 연체될 경우 가입자에게 문자 등의 수단을 활용하여 알리고는 있지만, 가입자가 이를 인지하지 못 하고 넘어가 보험이 실효되는 경우가 종종 발생하고 있다. 특히 계약 관리하던 설계사가 보험회사를 옮

기거나 그만둔 경우 관리가 되지 않아서 위와 같은 일이 많이 발생한다. 이것이 내 보험을 오랫동안 관리해 줄 수 있는 좋은 보험설계사를 만나야 하는 주된 이유이기도 하다.

Q: 이미 납입한 보험료를 돌려받을 수 있나요?

A: 보험 가입일로부터 30일 이내에 보험을 해지할 경우에는 납입한 보험료를 돌려받을 수 있다(청약철회). 30일이 지난 후에는 청약철회 신청이 불가능하며, 가입일로부터 30일이 지난 뒤 해지를 하려다가 자동이체일이 되어 다음 달보험료가 이미 인출된 경우에는 즉각 고객센터로 전화하여 보험료 반환신청을 한 뒤 해지를 해야 한다.

Q: 보험료는 어느 정도가 적당한가요?

A: 가입자의 나이, 가입상품, 설계방법에 따라 얼마든지 비싸질 수도 저렴해질 수도 있지만, 재무설계 관점에서 보면 보장성보험(종신보험, 실비보험, 건강보험, 암보험)은 본인 월 소득의 8~9%, 저축성보험(연금보험, 저축보험 등)은 15~20%가 적당하다. 하지만 어디까지나 기준일 뿐이며 가입자의 현 상황(경제상황)을 고려하여 이 정도 보험료는 길게 낼 수 있다고 생각되는 보험료를 정하여 보험에 가입하는 게 좋다.

Q: 보험료를 배우자 통장으로 납입할 수 있나요?

A: 회사별로 방법의 차이는 약간 있을 수 있지만 배우자 및 가족의 통장에서 보험료 자동이체가 가능하다. 통장 명의자의 신분증 사본과 통장 사본, 가족관계증명서 등을 준비하여 보험회사에 제출하면 배우자 또는 가족의 통장으로 보험료를 납입할 수 있다.

실비보험(실손의료비보험)

보험에 대해서는 잘 모르는 사람들도 '실비보험은 필요해'라는 말은 주변 사람들로부터 한두 번은 들어보았을 것이다. 심지어 보험은 필요 없다고 생각하던 사람들도 병원에 갈 일이 생기거나 주변 사람들이 시름시름 앓기 시작하면 '실비보험이라도 하나 들어놔야 하는 거 아닌가?' 하며 주변 지인들에게 보험설계사를 소개해 달라고 요청하기도 하다. 그렇다면 실비보험은 어떤 보험일까?

실비보험을 이해하려면 실손 보상과 정액보상의 차이점, 갱신형 보험에 대해 알아볼 필요가 있다.

1) 실손보상, 정액보상, 갱신형 보험

실손보상: 보험가입자가 질병 또는 사고(재해·상해)로 병원 치료를 받을 경우 병원에서 실제 발생한 치료비용을 보상해 주는 방법.

정액보상: 실제 발생한 치료비용을 보상해주는 실손보상과는 달리 정액보상은 가입한 보험의 약관상에 명시되어 있는 질병·사고(재해·상해)에 대해 미리 정해져 있는 보험금을 지급하는 방법.

갱신형 보험: 일정 주기마다 위험률(질병 및 사고 발생률 등)과 연령 증가 등을 종합적으로 계산 및 적용하여 보험료를 갱신하는 형태의 보험으로, 갱신주기마다 보험료가 인상 또는 하락할 가능성이 있는 보험이다. 질병 관련된 갱신형 보험의 경우에는 보험료가 인하될 확률보다는 인상될 확률이 높다. 평균수명이 길어지고 의료 및 과학기술 발달에 따라 사고로 인한 사망률이 질병으로 인한 사망률에 비해 낮기 때문에 상해·재해 및 사망 관련된 갱신형 보험의 경우에는 보험료 인상 폭이 질병 관련 갱신형 보험에 비해 크지 않거나 보험료가 내려가기도 한다.

실비보험은 보험가입자가 질병이나 사고로 병원 치료를 받을 경우에 병원에서 실제 지불한 병원비(치료비)를 돌려받을 수 있는 보험이며, 민영의료보험 또는 실손의료비보험으로 불리고 있다. 현재(2017년) 판매되고 있는 실손의료비보험의 경우에는 보험료가 1년마다 갱신되는 1년 갱신형이며, 입원치료를 받으며 발생한 치료비의 80%~90%를 연간 5,000만원 한도 내에서 보험금으로 지급받을 수 있다. 통원 치료의 경우에는 일일 25만원 한도 내에서 본인부담금(병원 규모에 따라 1만원, 1만 5,000원, 2만원으로 차등 적용)을 제외한 나머지 금액을 지급받는다. 약 조제비용의 경우 하루 5만원 한도 내에서 처방전 1건당 8,000원의 본인부담금을 공제한 뒤 나머지 금액을 보험금으로 지급한다.

실비보험은 생명보험회사와 화재·손해보험회사 모두 취급하고 있지만, 보험금 지급 경험이라던가 가입자 수 등을 따진다면 화재·손해보험으로 가입하는 게 더 유리하다. 특히 약 조제비용을 제외한 질병 및 상해(사고) 통원의료비의 경우 화재·손해보험사의 실비보험은 하루 25만원 한도이지만, 생명보험사의 실비보험은 이보다 5만원이 적은 20만원이 한도이다.

반면에 약 조제비용은 생명보험사 실비보험은 하루 10만원 한도이지만 화재·손해보험사 실비보험은 5만원이다. 실제 보험금 청구 및 지급금액을 비교한다면 통원의료비가 약 조제비용보다 월등히 많기 때문에 가입자 입장에서는 통원의료비 한도가 더 큰 화재·손해보험의 실비보험에 가입하는 게 유리하다.

2) 실비보험 가입방법 및 갱신형 실비보험의 문제점

실비보험 가입방법: 실비보험은 종신보험이나 통합보험에 특약

으로 선택하여 가입할 수 있으며, 다른 보험(암보험, 종신보험 등)이 모두 갖추어져 있어 굳이 중복되는 특약이 필요 없는 경우에는 실손의료비 특약으로만 구성된 단독 실손의료비보험에 가입할 수도 있다.

갱신형 실비보험의 문제점: 실비보험은 모든 보험사가 갱신형으로만 판매하고 있으며, 가입자 수가 늘어날수록 보험회사의 손해율이 높아지는 상품이기 때문에 갱신시 보험료가 인상될 확률이 인하될 확률보다 월등히 높다. 특히 가입자의 나이가 증가할수록 질병이나 사고의 위험성도 덩달아 증가하기 때문에 갱신시 보험료는 더욱 크게 증가할 수 있다. 이는 아무런 경제활동을 하지 않을 가능성이 큰 노후생활 시기에는 더욱 큰 부담으로 작용할 수밖에 없다. 또한 갱신형 실비보험료는 보험을 유지하는 동안에는 계속해서 납입해야 하며, 보험료 납입이 안 될 경우에는 아무런 보험혜택을 받을 수가 없다.

따라서 갱신형 실비보험료를 내지 못할 경우 발생할 수 있는 의료비 부족현상에 대비하기 위해서 갱신형 실비보험 외에도 정액보상이 가능한 비갱신형 보험 또는 비갱신형 특약을 선택하여 같이 유지하는 것이 좋다.

갱신형 실비보험이나 비갱신형 종신보험·암보험·건강보험 등은 모두 장단점을 지니고 있다. 만약 갱신형 실비보험의 장점만 설명하며 다른 보험은 필요 없다고 설명하는 설계사가 있다면 절대 현혹되지 말고, 갱신형과 비갱신형의 장단점에 대해서 충분한 설명을 들은 뒤 본인의 상황에 맞는 보험을 선택하여 가입하는 것이 좋다.

보험을 해지해야만 받을 수 있는 해지환급금

보험상품에 가입하는 데 (이전보다는 덜해졌지만) 나이가 든 분들의 경우 젊은 사람들보다 환급금에 상당히 민감한 편이다. 보험에 대해서는 잘 몰라도 만기환급형이라는 단어는 TV 광고 등을 통해 너무나도 쉽게 접할 수 있기 때문에 환급금이 보험가입을 하느냐 마느냐를 결정하는데 적지 않은 영향을 끼치고 있다.

환급금이 지급되는 경우는 크게 두 가지이다.

1. 가입자가 해지할 경우
2. 보험계약이 만기가 되어 종료될 경우

위 두 가지 사항 중 1번은 가입자가 선택 및 결정하는 것이고, 2번은 처음부터 이미 정해져 있는 것으로 보통 90년대~2000년대에 판매된 상품들(특히 우체국, 신협, 농협 등의 공제상품)의 경우 상품설명서에 만기축하금, 만기환급금 등의 단어로 표시되어 있다.

현재는 환급금이라 하면 1번의 뜻으로 이해하는 게 일반적이며, 설계를 어떻게 하느냐에 따라 해지환급금이 납입보험료의 100% 또는 그 이상이 될 수도, 그 이하가 될 수도 있다. 생명보험상품을 예로 들면 주계약의 가입금액을 높여서 설계할수록 해지환급금 지급금액이 증가하는데 주계약 가입금액을 높인다는 것은 그만큼 보험료를 더 낸다는 뜻이므로 '보험료를 더 많이 낸 만큼 더 많은 해지환급금을 받는다'는 식으로 이해할 수 있다.

하지만 해지환급금은 어디까지나 보험을 해지해야만 받을 수 있으며, 해지함과 동시에 그동안 받아왔던, 그리고 앞으로 받을 수 있는 보험혜택은 전부 사라지고 가입자는 환급금만 받게 된다. 또한, 가입 후 짧은 기간 내에 해지하면 손해가 발생할 수밖에 없는 보험의 특성상 환급률을 높이기 위해서는 최소한 납입기간이 지난 후에 해지를 해야 하기 때문에 보통 20~30년 정도 지나야만 어느 정도 본인이 생각하는 환급금을 받을 수 있다. 앞으로 20~30년 뒤의 화폐가치는 지금보다 크게 떨어질 것이기 때문에 미래에 받을 납입원금이 보장된 해지환급금은 큰 의미가 없고 실제로 이런 생각에 동의하는 가입자들이 점점 많아지면서 해지환급금에 대한 인식도 많이 바뀌고 있다.

해지환급금에 대한 인식의 변화에 발맞추어(혹은 인식의 변화를 끌어내기 위해) 보험회사는 저해지환급형이라는 형태의 보험을 만들어 냈다.

저해지환급형 보험: 보험료 납입기간 중 계약이 해지될 경우에 일반(기본형)보험상품에 비해 적은 해지환급금을 지급하는 대신, 보험료는 평균 10~20% 정도 저렴하게 보험에 가입할 수 있도록 한 보험.

저해지환급형 보험은 쓸데없이 보험료를 낭비하고 싶지 않은 분들, 보험료를 제대로 활용하고 싶은 분들, 제대로 상담 고 보험가입하여 해지하지 않고 오랫동안 보험을 유지할 생각이 있는 분들에게는 더할 나위 없는 최적의 상품이다.

최근 판매되는 생명보험상품, 특히 종신보험의 경우에는 대부분의 생명보험사들이 저해지환급형 상품을 개발하여 판매하고 있으며, 화재보험·손해보험회사들의 경우에도 무해지환급형 등의 상품을 개발하여 가입자에게 다양한 선택을 할 수 있도록 하고 있지만, 보험회사가 이러한 상품을 개발한 것은 어디까지나 보험회사에 더 이득이 되기 때문이다. 보험회사 입장에서는 보험료를 할인해 주더라도 가입자가 납입기간 이내에 해지할 경우 더 적은 환급금만 지급하면 되기 때문에 더 큰 이익을 올릴 수 있는 것이다.

물론, 납입기간 이후에는 해지환급금도 일반형 종신보험과 동일하게 회복되고 월 보험료도 더 저렴하게 가입이 가능하기 때문에 가입자에게도 충분히 이득이 되는 상품임은 틀림없다.

[필수비교 확인사항]

기준: 33세/남자 , 55세납, 월납, 주보험 가입금액 5,000만원, 특약제외

▪ 보험료 비교

[단위: 원]

제1종 (기본형)	제2종 (50% 저해지환급형)	제3종 (30% 저해지환급형)
,98,500	83,500	76,500

▪ 해지환급금 및 환급률 비교

[단위: 만원]

경과기간	기본형 제1종 (기본형)		50% 저해지환급형 제2종 (50% 저해지환급형)		30% 저해지환급형 제3종 (30% 저해지환급형)	
	해지환급금	환급률(%)	해지환급금	환급률(%)	해지환급금	환급률(%)
1년	0	0%	0	0%	0	0%
3년	182	51.4%	91	30.3%	54	19.6%
5년	408	69%	204	40.7%	122	26.6%
10년	955	80.8%	477	47.6%	286	31.2%
20년	2,173	91.9%	1,086	54.2%	652	35.5%
30년	2,905	111.7%	2,905	131.8%	2,905	143.9%
40년	3,535	136%	3,535	160.4%	3,535	175.1%
67년	4,765	183.3%	4,765	216.2%	4,765	236%

[그림 7] 해지환급금 예시

어느 생명보험사의 해지환급금 예시표를 예로 들자면, 동일한 조건(33세, 남, 55세납, 월납, 주보험 가입금액 5,000만원)을 설정한 뒤 기본형과 저해지환급형으로 설계할 경우 월 보험료가 최대 20% 정도 차이가 나는 것을 확인할 수 있다. 납입기간(22년) 동안에는 저해지환급형 보험의 환급금은 30~50%대밖에 되지 않지만, 납입기간 이후에는 기본형 보험과 동일한 환급금을 받을 수 있다. 무해지환급형의 경우에도 납입기간 내에 해지할 경우 환급금은 전혀 없지만, 납입기간 이후에는 일반보험과 동일한 금액을 환급받을 수 있다(저해지환급형, 무해지환급형으로 가입 시 보험료 할인이 적용되는 부분은 주계약에 한하며, 선택특약의 경우에는 보험

료 할인이 적용되지 않는다).

저해지환급형 상품의 경우 해지환급금을 적립하는 데 적용되는 공시이율이 가입 당시의 이율로 확정되어 동일한 공시이율을 계속 적용받을 수 있다는 점도 장점으로 작용할 수 있으며(금리 확정형), 확정이율로 적립된 해지환급금을 납입기간 이후에 연금으로 전환하여 사용할 수도 있다(비갱신형 종신보험은 납입이 종료된 후 연금 전환 시 보험료 납입할 필요가 없지만, 갱신형 보험의 경우에는 연금으로 전환하더라도 갱신형 특약의 보험료는 계속 납입을 해야만 보험혜택을 받을 수 있다).

자신에게 필요한 보험을 납입기간 이내에 해지하지 않고 오래 유지하면 월 보험료를 할인해 주고, 납입기간 이후에 해지할 경우에는 일반형 보험과 동일한 해지환급금이 지급되는 저해지환급형보험. 제대로 된 상담을 통해 충분히 설명을 듣고 자신에게 맞는 보험이 일반형 보험인지, 저해지환급형 보험인지 선택하여 가입하기 바란다.

통합보험의 내용 및 정의

"이 보험 하나면 충분합니다."

위와 같은 보험상품 광고멘트보다 통합보험을 쉽게 설명할 수 있는 표현은 없다. 통합보험은 생명보험·화재보험사에서 만들어낸 상품으로 종신보험, 건강보험, 암보험, 성인병보험, 실비보험 등으로 세분화되어 있는 보험을 하나의 상품으로 통합시켜 가입할 수 있으며, 설계방법에 따라 가족(배우자, 자녀 등)도 피보험자로 추가하여 한 번에 가입할 수도 있다는 특징을 지닌다.

취지는 상당히 좋은 보험이지만 세부내용을 들여다보면 꼭 그렇지만은 않다. 통합보험의 문제점은 다음과 같다.

1) 갱신보험료 부담 및 갱신형 보험의 위험성(갱신보험료 부담)

통합보험(통합종신보험, CI통합보험, 퍼펙트통합보험 등 이름도 다양함)은 대부분의 보험사들이 갱신형으로 판매하고 있다.

종신보험 성격을 지닌 통합보험(생명보험상품)의 경우 주계약(사망보험금)은 비갱신형이지만 다른 특약(수술비, 입원비, 암, 성인병, 의료실비 등)은 모두 갱신형으로 설계되어, 보험을 유지하는 동안에는 갱신주기마다 보험료가 인상될 확률이 높고, 인상되는 보험료를 계속 납입해야만 보험혜택을 받을 수 있다.

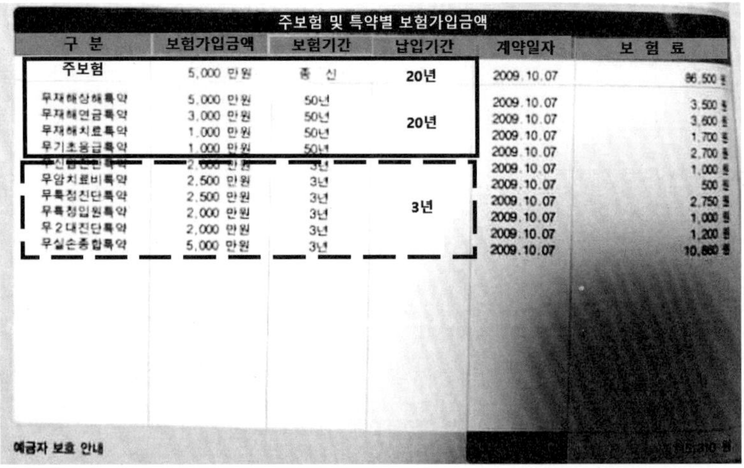

주보험 및 특약별 보험가입금액

구 분	보험가입금액	보험기간	납입기간	계약일자	보 험 료
주보험	5,000 만원	종 신	20년	2009.10.07	86,500 원
무재해상해특약	5,000 만원	50년	20년	2009.10.07	3,500 원
무재해연금특약	3,000 만원	50년		2009.10.07	3,600 원
무재해치료특약	1,000 만원	50년		2009.10.07	1,700 원
무기초용급특약	1,000 만원	50년		2009.10.07	2,700 원
[illegible]	[illegible]	3년	3년	2009.10.07	1,000 원
무암치료비특약	2,500 만원	3년		2009.10.07	500 원
무특정진단특약	2,500 만원	3년		2009.10.07	2,750 원
무특정입원특약	2,000 만원	3년		2009.10.07	1,000 원
무2대진단특약	2,000 만원	3년		2009.10.07	1,200 원
무실손종합특약	5,000 만원	3년		2009.10.07	10,860 원

예금자 보호 안내

[그림 8] S생명보험사의 통합종신보험 가입내역 : 갱신형 실손보험 특약 이외에도 주요 특약들이 모두 3년 갱신형(점선 박스안)으로 포함되어 있음. 주보험 납입기간(20년) 이후에도 최대 100세까지 3년 마다 갱신되는 보험료를 납부해야 함

또한 연령이 증가할수록 질병·사고에 대한 위험성이 높아짐에 따라 보험료 갱신시 더 높은 위험률이 적용되어 보험료가 점점 더 크게 인상될 수 있는데, 이는 아무런 경제활동을 하지 않을 확률이 높은 노후에 더 큰 문제가 될 수 있다. 보험이 정말 필요한 나이가 되었는데 한 달 보험료가 20만원이라면 과연 계속해서 보험료를

납입할 수 있을까?

2) 심화될 수밖에 없는 갱신형 실비보험 의존성

갱신형 실비보험은 다른 글에서도 언급했듯이 질병이나 사고(상해·재해)로 입원 또는 통원치료 받을 경우 지출하는 의료비의 80~90%를 받을 수 있는 보험으로, 정액보상형 보험과는 달리 각종 검사비용 및 약조제비용 등도 보장이 되는 보험이다. 하지만 모든 보험사가 갱신형(현재는 1년 갱신형)으로만 판매하기 때문에 갱신보험료를 계속 납입해야만 보험혜택을 받을 수 있다. 또 연령이 증가할수록 보험료 인상 폭이 커질 수밖에 없기 때문에 아무런 경제활동을 하지 않는 노후를 위해서는 납입기간 이후에는 더 이상 보험료를 낼 필요가 없는 비갱신형 정액보상형 수술비 및 입원비를 반드시 확보해야 한다.

하지만 통합보험을 판매하는 보험사들은 통합보험에 갱신형 실비보험이 포함될 경우 정액보상형 수술비를 선택할 수 없게 하거나, 갱신형 정액보상형 수술비만 선택할 수 있도록 상품을 만들어 놓았다. 어떻게 해서든 보험가입자들로부터 보험료를 조금이라도 더 많이, 더 길게 받아내려는 꼼수이다.

정액보상형 수술비를 선택할 수 없는 경우에는 갱신형 실비보험 특약의 보험료가 크게 인상되어도 보험혜택(특히 수술비, 입원비 등)을 계속해서 받기 위해서는 울며 겨자 먹기로 보험료를 납입할 수밖에 없고, 경제활동 은퇴 이후에도 수술비, 입원비 등이 보장되는 갱신형 실비보험료를 납입하기 위해 계속 일을 하거나, 얼마 되지 않는 연금을 쪼개서 갱신보험료를 납입할 수밖에 없다. 즉, 갱신형 실비보험의 의존성이 날이 갈수록 심해질 수밖에 없다. 보험료의 노예로 전락하는 것이다.

갱신형 정액보상형 수술비만 선택할 수 있는 경우에는 문제가 더 심각하다. 실비보험 특약만 갱신되는 것이 아니라 정액보상되는 수술비까지도 갱신되며 보험료가 인상되므로 갱신보험료로 인한 부담은 더욱 가중될 것이다. 보험회사별로 수술비, 입원비 외에도 암과 성인병 관련된 특약들까지 모두 갱신형으로만 가입 가능할 수도 있기 때문에 갱신보험료 부담이라는 문제점은 점점 더 커질 수밖에 없다. 엎친 데 덮친 격이라는 속담이 이보다 더 명확하게 적용되는 사례가 또 있을까? 갱신형 실비보험료 엎친 데 갱신형 수술보험료 덮친 격이라고 할 수 있겠다.

물론 이와 같은 통합보험의 문제점을 해결할 방법은 분명히 있다.

건강체할인	할인보험료 : 179,706원	할인효과 : 499원(0.3%)	총 예상 할인금액 : 119,760원	
계약사항				
구 분	가입금액(만원)	보험기간	납입기간	보험료(원)
주계약	5,000	종신	20년납	109,500
여성보장특약II	1,000	종신	20년납	3,100
교보CI납입면제특약II (2형)	4	20년만기	20년납	1,065
두번째CI보장특약(갱신형)VI(최초계약)	3,000	3년갱신	3년(최대 100세)	2,820
교보암진단특약(갱신형)VIII[최초계약]	1,000	3년갱신	3년(최대 100세)	1,300
교보CI추가보장관련특약(뇌)	1,000	100세만기	20년납	9,580
교보CI추가보장관련특약(심장및장기)	1,000	100세만기	20년납	1,220
재해사망특약	5,000	100세만기	20년납	4,950
재해상해특약(1형)	2,500	80세만기	20년납	1,300
재해장해연금특약(2형)	2,500	80세만기	20년납	600
재해치료비특약[1형]	1,000	80세만기	20년납	2,700
건강치료특약	1,000	80세만기	20년납	9,600
교보수술특약(갱신형)VII(1형)	1,000	3년갱신	3년(최대 80세)	2,900
입원특약II	3,000	80세만기	20년납	17,400
암직접치료입원특약II	1,000	80세만기	20년납	3,380
2대질병수술특약(갱신형) 1형	1,000	3년갱신	3년(최대 80세)	50
교보암수술특약(갱신형)1형	1,000	3년갱신	3년(최대 80세)	670
응급실내원특약(갱신형) 1형	1,000	3년갱신	3년(최대 80세)	1,100
기본형실손의료비특약(갱신형)질병통원(선택형 II)	5,000	1년갱신	1년(최대 100세)	3,480
기본형실손의료비특약(갱신형)상해통원(선택형 II)	5,000	1년갱신	1년(최대 100세)	190
비급여도수·체외충격파·증식치료실손의료비특약(갱신형)	350	1년갱신	1년(최대 100세)	1,320
비급여주사료실손의료비특약(갱신형)	250	1년갱신	1년(최대 100세)	570
비급여자기공명영상진단실손의료비특약(갱신형)	300	1년갱신	1년(최대 100세)	1,410

[그림 9] 갱신형 정액보상형 수술비만 선택할 수 있는 K생명의 경우 : 갱신형 실비보험 특약의 문제점을 보완해야 할 정액보상형 수술비 및 주요 특약들이 모두 갱신형

① 비갱신형 생명보험+갱신형 실비보험(화재·손해보험)을 따로 가입

가장 일반적인 해결 방법이다. 갱신형 실비보험으로의 의존성을 상쇄할 수 있는 정액보상형 수술비와 입원비, 암과 성인병 보장을 비갱신형으로 가입할 수 있는 생명보험상품과 화재·손해보험의 갱신형 실비보험을 함께 가입할 경우에는 갱신되는 특약의 수를 최소화할 수 있으며, 갱신형 실비보험료가 납입하기 부담될 정도로 인상될 경우에는 갱신형 실비

보험만 선택하여 해지가 가능하다. 이럴 경우 정말 필요한 의료비(수술비, 입원비, 암, 성인병 관련 보장)는 이미 납입이 끝난 비갱신형 생명보험에서 충분히 보장받을 수 있다.

② 생명보험보다는 화재보험의 통합보험상품을 가입

모든 보험사가 그렇지는 않지만 일부 화재·손해보험사의 경우에는 갱신형 실비보험 특약을 포함시키면서도 정액형 수술비와 입원비, 암과 성인병 관련 특약을 비갱신형으로 가입할 수 있다. 물론 생명보험상품에 비해 수술비의 보장금액과 보장내용에 차이가 생기지만, 갱신형으로 수술비와 입원비를 가입하는 경우보다는 더 나은 방법이라고 할 수 있다.

어떤 보험이건 가입을 결정하기 전에 설계사로부터 충분히 설명을 들어야 하고 설계사는 각 보험의 장단점을 충분히 설명해야만 한다. 통합보험도 충분한 설명을 듣고 본인의 생각과 맞는 보험이라고 생각이 들 때 가입해야만 손해를 안 본다.

3장

보험설계사를 만날 때 알아야 할 20가지: 꼼수보험설계 20가지

시중에 나와 있는 보험 관련 서적을 보면 대부분이 '이렇게 보험 가입하면 좋다, 보험의 개념과 종류를 알아야 한다, 보험의 문제점에 대해 알면 좋다'는 식의 내용이다. 그러한 내용을 알고 확실히 정신적인 무장을 한 뒤 보험에 가입하더라도 보험에 대한 원성은 끊이지 않는다. 이 때문에 형성된 보험의 나쁜 이미지(가입해 봤자 쓸데가 없다, 죽어야만 돈 나온다, 보험설계사들은 다 XXX들이다 등)는 아직도 개선될 여지가 없어 보인다.

제아무리 보험가입에 관한 노하우와 유의사항이 담긴 책을 구입하여 학습했다고 하더라도, 막상 보험설계사를 만나서 설명을 듣다 보면, 본인이 알고 있던 내용이 틀리는지 맞는지를 판단하기도 전에, 보험설계사들의 화려한 언변에 고개를 끄덕이며 보험계약서에 서명하고 있는 자신을 발견하게 된다. 그리고 얼마 지나지 않아 자신이 가입한 보험이 문제가 많다는 사실을 주변의 설명을 통해 깨닫고 분개하며 고민에 빠지는 악순환이 반복된다. 이러한 악순환의 고리를 가위로 냉면 면발 자르듯 확실히 끊어야 하는데 그러지 못하고, 부부싸움처럼 칼로 물 베기만 한다는 점이 잘못 가입한 보험으로 인한 피해를 계속 불러오고 있다.

이번 장에서는 실제로 보험영업 현장에서 빈번하게 사용되는 수법들을 다뤘다. 보험의 개념과 종류, 보험설계사의 중요성을 어느 정도 이해한 사람들이 이러한 수법을 안다면 보험설계사를 만났을 때, 그 보험설계사가 양심적인지, 꼼수를 부리는지를 충분히 구분할 수 있을 것이다.

첫 번째,
(급여통장을 보여주며) “저 이런 보험설계사입니다.”

보험설계사 중에는 고객과의 첫 만남시 자신이 어떠한 업적을 이루고 있는지 홍보하기 위해 과하다 싶을 정도로 오버하는 모습을 보이는 사람이 종종 있다. 물론 보험설계사가 자신감으로 자신을 어필하는 것은 필요하지만, 개중에는 옳지 않은 영업을 통해 부를 축적하고 문제가 불거질 경우 보험회사를 이리저리 옮기는 철새설계사들조차도, 자신이 대단한 보험전문가인 양 고객에게 어필하는 경우가 많기 때문에 주의해야 한다.

내가 아는 어떤 불량 설계사는 고객과의 첫 만남시 고객이 ‘와, 이 사람 대단하구나. 믿어볼까?’ 이런 생각이 들도록 현혹시키기 위해 본인의 급여명세서나 월급통장내역서를 들이미는 일을 자기 소개 방법으로 사용했다(일면식도 없던 보험설계사를 소개받아 만났는데 돈도 많이 벌고, 옷차림도 깔끔한데 말까지 잘한다… 이런 생각이 드는 순간 당신은 이미 보험설계사의 영향력 아래 놓이고 만다. 주로 학교나 군대 선배들이 보험회사에 들어가 후배에게 접

근할 때 자주 사용한다).

그 설계사는 이런 방법으로 자신에게 많은 수당이 지급되는 상품 위주로 설계하여 가입시켰고, 나중에 사실을 알게 된 고객들로부터 많은 민원이 제기되면서 결국에는 타사로 이직하였다. 그는 타사로 이직한 후에도 초반 큰 업적을 올리며 승승장구하는 듯했지만 역시나 1년이 채 안 되어 보험회사를 또 옮겼고, 결국에는 보험업계를 떠나 일반 영업사원으로 일하고 있다.

보험에 가입할 때에는 설계사가 어떤 사람인지, 얼마나 믿을 수 있는 사람인지 파악하는 것이 무엇보다도 중요하다. 이는 2~3번의 상담 과정을 거치면서 설계사가 설명하는 내용, 말하는 태도 등을 통해 충분히 파악할 수 있다. 본인의 장점을 진솔하게 어필하는 방법에 자신이 없는 설계사들은 꼼수를 부릴 수밖에 없다. 당장 먹고 살아야 하니까….

좋은 보험설계사는 자신의 업적을 과하게 홍보하며 '나 이런 사람이니까 나한테 가입 안 하면 당신 손해야' 식의 거만한 태도를 보이지 않는다. 오히려 겸손한 모습을 보이며 자신을 자랑할 시간에 고객의 목소리를 더 듣기 위해 노력한다.

단 한 번의 상담을 통해 보험에 가입하는 경우는 별로 없다. 최소한 2~3번 상담을 통해 나에게 맞는 보험인지, 믿을 수 있는 설계사인지 등을 파악하면서 신중하게 가입해야만 오래 유지할 수 있는 좋은 보험에 가입할 수 있다.

설계사가 첫 만남에 본인 자랑을 과하게 하고, 설명을 듣는 자신도 이 사람은 엄청 잘 나가는 사람인가 보다, 생각이 들었다면? 섣불리 판단하지 말고 냉정함을 유지하기 바란다. 그 설계사가 어떤 설계사인지는 그때부터 알아보아야 하니까.

우측의 QR코드를 스캔하면 첫 번째 수법 관련하여 알아두면 좋은 보험설계사 이직률에 관한 내용을 직접 확인할 수 있다.

두 번째,
"신상품 보장이 더 좋을 수밖에 없습니다. 당연히 갈아타셔야죠!"

일부 설계사들은 새로운 보험상품이 출시되면 기존 고객들을 찾아가거나 새로운 고객과의 상담시 신상품의 장점만을 강조하면서 기존에 가입된 보험을 해지하고 갈아탈 것을 권하고 있다. 여기에서 말하는 '갈아탄다'는 말의 의미는 기존 보험에 가입한 지 얼마가 되었든 간에 우선 해지부터 한 뒤 본인이 설명하고 추천하는 새로 나온 보험으로 재가입시킨다는 뜻이다.

만약, 상담을 통해 보험설계사로부터 기존 보험의 보장내용에 대해 설명 듣고, 가입자 본인이 생각하기에도 문제라는 생각이 들어 새로운 상품으로 변경 또는 추가 가입하는 경우라면 괜찮다. 하지만 제대로 가입하여 잘 유지하고 있는 보험의 해지를 권유한다면, 그것도 보험내용에 대한 분석 및 설명 등의 과정도 생략한 채 화려한 언변을 사용하여 무조건 새로 나온 보험이 더 좋다고 강조한다면…?

보험만큼 "구관이 명관"이라는 속담이 제대로 들어맞는 분야는 없다. 보험상품은 최근에 판매되는 상품보다 이전에 판매된 상품들의 보장내용이 더 뛰어난 경우가 대부분이기 때문이다.

예를 들어 외국계 보험사(P생명, PR생명, I생명, M생명 등)의 수술보험금의 경우 2008년 말 이전에 수술보험금이 포함된 종신보험이나 건강보험에 가입한 경우에는 치조골 이식수술이 보장되었지만, 그 이후에 약관이 개정되면서 치조골 이식수술은 보장에서 제외되었다. 쉽게 말하면 치조골 이식수술을 동반한 임플란트 시술을 받았을 경우 이전 상품은 수술비가 50~100만원(가입금액, 회사별로 다름)씩 수술 1회당 지급이 되었지만 지금은 그렇지 않다는 것이다. 지금 현재 모든 생명보험사에서 판매하는 수술보험금 특약의 경우에는 치조골 이식수술이 전혀 보장되지 않으며, 일부 보험사는 2008년 이전에 수술보험금 특약에 가입한 고객들에게 보험료가 더 저렴하다는 점을 미끼로, 옛날 수술보험금 특약을 해지하고 새로 나온 수술보험금 특약으로 다시 가입할 것을 보험설계사를 통해 권하고 있기까지 하다. 보험회사 입장에서는 보험금을 적게 지급해야만 수익구조가 나빠지지 않을 테니 당연한 걸까?

암보험의 경우 제대로 된 통계자료가 작성되기 전인 2000년대 초반에 판매된 암보험이나 종신보험에 포함되어 있는 암진단 특약에서는 현재 소액치료비 암으로 구분되는 갑상샘암, 경계성 종양, 상피내암 등이 일반암으로 보장되어 더 큰 금액의 진단금을 받을 수 있었다. 지금 판매되는 암보험에서는 소액치료비 암 진단금을 200만원 지급한다면 과거 2000년대 초반에 판매되었던 암보험들의 경우에는 2,000만원 혹은 그 이상의 암진단금을 받을 수 있었다는 것이다. 이렇게 암보험의 보장금액이 바뀐 이유? 역시 보험회사에 더 이득이 되기 때문이다.

실비보험의 경우에는 지금 현재 판매되는 실비보험이 1년마다 보험료가 갱신되고 15년마다 보장내용이 달라질 수 있으며, 본인부담금이 최소 1만원~2만원인 점에 비해, 2009년 이전에 판매되던 실비보험은 갱신주기가 5년, 한 번 가입으로 100세까지 동일한 보장내용, 그리고 본인부담금이 없거나 5,000원이었다. 지금 생각해보면 얼마나 좋은 보험인지 쉽게 알 수 있다.

이 밖에도 시간이 흐른 뒤에 새로운 상품으로 변경하려 해도 이미 보험나이가 과거의 보험 가입시점보다 증가한 상태이기 때문에 기본보험료도 인상될 수밖에 없으며, 나중에 출시된 보험상품들의 경우 대부분 보험료가 일정 주기마다(3년/5년 등) 갱신되며 인상되는 갱신형 보험인 경우가 많다는 점도, 새로 나온 보험상품이 좋다며 갈아탈 것을 권하는 꼼수보험설계사들을 가려내야 하는 이유이기도 하다.

“제가 설명드리는 이 보험은 OO씨께서 가입하여 유지하고 있는 보험보다 보험료는 더 저렴하고 보장내용은 더 뛰어납니다. 이 보험으로 갈아타시는 게 어떠세요?”

이렇게 그럴듯한 말을 늘어놓는 설계사라면? 근거를 제시하라고 요구한 뒤 또 다른 보험설계사를 통해 재상담받아 보기 바란다.

우측의 QR코드를 스캔하면 두 번째 수법 관련하여 알아두면 좋은 실제 〈꼼수보험 상담사례〉를 확인할 수 있다.

세 번째,
"암보험은 갱신형으로만 가입 가능합니다. 보험료는 더 저렴하고요."

갱신형 보험 VS 비갱신형 보험 관련한 사항으로 블로그와 페이스북에 댓글을 작성하는 타사 설계사들(갱신형 보험 위주로 판매하는 설계사들)과 종종 논쟁을 벌이게 된다. 그들은 갱신형 보험도 장점이 있는데 장점은 무시하고 단점만 얘기하느냐고 따진다. 나는 갱신형 보험이 유리한 보험이 있고 그렇지 않은 보험이 있다고 답하고… 끝이 나지 않는 평행선을 달리는 답글 논쟁으로 결론지어지는 게 대부분이다.

분명히 말하지만 갱신형으로 가입할 수밖에 없거나 갱신형이 더 유리한 보험은 갱신형으로 가입하는 게 맞고, 그렇지 않은 경우에는 비갱신형이 더 유리하다. 보험설계사는 갱신형과 비갱신형의 장단점을 고객에게 설명하고 고객이 선택하도록 해야 한다.

하지만 갱신형 보험만 취급하는 일부 꼼수보험설계사들은 자신의 실적 올리기에 급급하여 제대로 된 비교설명을 하지 않은 채

"암보험이나 종신보험은 다른 보험사도 다 갱신형만 판매한다"는 식으로 거짓 설명을 하며 보험상품을 권유한다는 게 문제이다. 이로 인해 발생하는 보험피해는 보험료를 납입하는 보험계약자가 고스란히 질 수밖에 없다.

갱신형 의료실비보험(실손의료비보험)을 예로 들자면 의료실비보험을 취급하는 모든 보험회사가 동일한 약관을 적용하고 있기 때문에 어쩔 수 없이 갱신형으로 가입해야 한다. 보장내용, 보장금액도 동일하고 보험금 청구에 필요한 서류들도 동일하다. 실비보험을 제외한 다른 보험(종신보험, 건강보험, 암보험 등)은 비갱신형으로 판매하는 회사가 다수 존재하고 있으며, 회사별로 서로 다른 약관 및 보험금 지급규정을 적용하므로 보험금 지급금액은 물론, 보험금의 지급범위도 다르다.

암보험을 갱신형으로 가입할 경우 가입자가 얻을 수 있는 장점은 비갱신형에 비해 보험료가 저렴하다는 점이다. 하지만 갱신주기(3년/5년/10년 등)가 지날 때마다 보험료가 인상되고, 나이가 들수록 인상 폭이 커질 위험성이 있으며, 보험이 만기가 되는 80세·100세까지 보험료를 계속 납입해야만 보험혜택을 계속 받을 수 있다는 점은 분명한 단점이다. 심지어 45세 이후 해지환급금을 연금으로 전환하여 받을 수 있는 종신보험에 갱신형 특약들이 포함되어 있다면 연금을 받는 기간에도 갱신되며 인상되는 보험료를 계속 납입해야만 보험혜택을 받을 수가 있다. 즉, 연금 받아서 보험료 돌려막기하는 셈이 되는 것이다.

갱신형 보험을 신봉하는 일부 설계사는 '의료기술의 발달로 암으로 발전하기 이전 단계(전암)에서 조기에 치료하기 때문에 암발병률이 점점 낮아지고 있으므로 갱신 시 암보험료가 내려갈 수 있다'는 식으로 설명하며 갱신형 암보험이 문제가 없는 보험인 양 판매하고 있다.

그러나 보험료 인상은 단순히 암 발생률·발병률에만 영향을 받지 않는다. 과거에 판매된 암보험의 경우 현재 판매되고 있는 암보험보다 보장금액이나 보장범위 측면에서 뛰어날 수밖에 없다. 보험회사 입장에서는 과거에 이러한 암보험에 가입한 가입자들이 암에 걸릴 경우 큰 보험금을 지급해야 하고, 이러한 보험금이 많이 지급될수록 보험회사의 재무 건정성과 지급여력비율이 낮아질 수밖에 없기 때문에 큰 부담을 느끼고 있다. 보험사들이 느끼는 부담을 일반 가입자에게 일부 전가하여 공동의 책임을 지도록 하는 것이 바로 갱신형 보험이다. 앞으로 암 발병률이 낮아짐에 따라 갱신보험료가 많이 내려간다? 아니다. 그것보다는 과거에 판매한 암보험상품의 보험금 지급이 많이 될수록 보험회사의 부담이 커지기 때문에 갱신보험료는 꾸준히 인상될 것이다(앞으로 암 발병률이 낮아진다는 점을 강조한다면 굳이 암보험에 가입하라고 설명하고 권유할 필요도 없다).

이는 단순히 암보험에만 국한되는 경우는 아니다. 수술보험금이 포함된 종신보험이나 건강보험의 경우에도 지금 현재 판매되는 보험보다 과거 상품의 보장금액, 보장범위가 더 뛰어나기 때문에 보험회사에는 큰 부담으로 작용하고 있다. 이 때문에 국내 빅3 보험사(S생명, K생명, H생명)는 진작부터 수술비, 입원비, 암 관련 보장특약을 모두 갱신형으로 변경하여 판매하고 있다(S생명의 경우 2006년부터, I생명의 경우에도 2000년 중반부터 갱신형으로 판매 중).

보험회사는 절대 손해 보는 장사를 하지 않는다. 광고를 통해서는 고객사랑, 고객을 위한 빼셈 등 온갖 미사여구로 좋은 이미지를 내세우지만 실제 모습은 어떻게 해서든 보험금 지급을 줄이려 하고, 어떻게 해서든 보험료를 인상하려 하는 기업집단일 뿐이다.

다시 한번 강조한다.

갱신형 비갱신형 보험의 장단점에 대해 충분히 설명을 듣고, 비교하고, 그런 후에 선택하라!

Tip: 질병 관련된 보험은 비갱신형, 재해 및 상해 관련된 보험은 갱신형이 유리

우측의 QR코드를 스캔하면 세 번째 수법 관련하여 알아 두면 좋은 실제 〈꼼수보험 상담사례〉를 확인할 수 있다.

네 번째,
"보험은 실비보험이나 통합보험 하나면 충분합니다."

보험은 회사별로 판매하는 상품의 이름, 종류도 다르지만 큰 틀에서 보면 대동소이하다. 아프면 보험금 주고, 사망하면 유가족에게 사망보험금 주고, 병원에서 검사받거나 통원치료 및 입원하여 치료받으면 실비보험으로 처리할 수 있고, 입원하면 입원비 주고… 기본적인 프로세스는 비슷하다.

그러나 상품을 어떻게 구성하고 어떤 보험상품에 가입하느냐에 따라 보장내용, 보험기간, 그리고 은퇴 이후의 보험료 부담 등이 달라진다.

실비보험이나 통합보험(암보험+건강보험+실비보험 형식의 종신보험이나 통합상품 등)을 판매하는 설계사들은 "실비보험이나 통합보험 하나면 다른 보험은 필요 없습니다"라고 설명하고 있는데… 이는 맞는 말이기도 하고 틀린 말이기도 하다.

맞는 말인 이유는 흔히 말하는 실비보험(실손의료비보험)으로 입원하여 받는 각종 검사 및 치료, 그리고 통원하며 받는 질병 및 상해 관련 치료 등을 전부 보장받을 수 있기 때문이며, 실비보험이 포함되어 있는 통합보험이나 종신보험의 경우 보통 암진단금, 암치료비, 성인병(뇌출혈, 급성심근경색) 진단비, 입원비 등을 포함시켜 가입하기 때문에 대부분의 의료비 지출 상황이 보장된다고 할 수 있다.

하지만 틀린 말인 이유를 보면 '과연 이 보험을 오래 유지할 수 있을까?' 하는 의문이 들 수밖에 없다. '실비보험 하나면 다 된다.' 이 말이 성립되기 위해서는 하나의 조건이 충족되어야 하는데 그것은 바로 '갱신되는 보험료를 계속 납입할 수 있다면'이다.

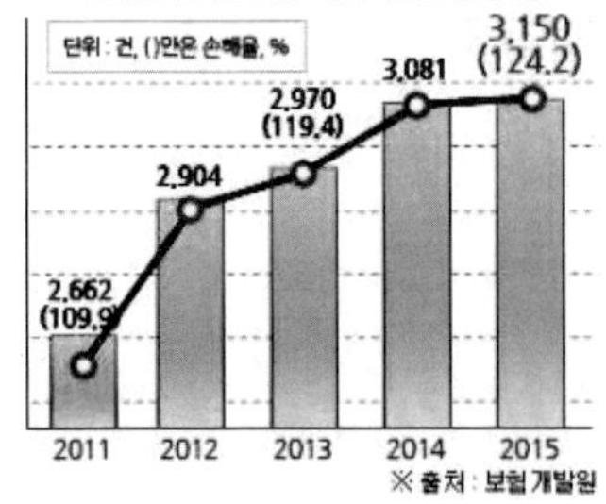

[그림 10] 의료실비보험 손해율(가입자가 많아졌지만 그 이상으로 보험금 지급액이 늘어나 보험사의 손해율은 계속해서 높아지고 있다.)

실비보험은 보험회사를 막론하고 현재 모두 1년 갱신형으로만 판매하고 있으며, 과거에 판매된 상품의 경우 5년 갱신형, 3년 갱신형이다. 즉, 갱신주기마다 보험료가 인상 또는 인하될 수 있는 보험인데 개개인의 의료비 지출비용이 늘어나는 추세 때문에 실비보험료는 꾸준히 인상되고 있다.

그에 따라 실비보험의 갱신보험료도 꾸준히 인상되고 있다. 모든 보험사는 갱신형 상품을 판매할 때 갱신보험료 예시표를 첨부하고 설계사는 그 부분을 고객에게 자세히 설명해야 하지만 "보험료 크게 오르지 않을 거예요"라고 말하는 설계사들이 많아서 문제이다.

장기보험 갱신형 특약 보험료 경과기간별 보험료 예시

경과기간별 실손의료비 담보 갱신보험료

경과년수	연령증가만 반영		연령증가 + 위험율10% 상승		연령증가 + 위험율20% 상승	
	보험료(원)	증가율(%)	보험료(원)	증가율(%)	보험료(원)	증가율(%)
1	6,383	0.00	6,383	0.00	6,383	0.00
4	7,126	11.60	7,839	22.80	8,551	33.90
7	8,084	13.40	9,781	24.70	11,640	36.10
10	8,143	0.70	10,839	10.80	14,071	20.80
13	8,705	6.90	12,744	17.50	18,045	28.20
16	10,363	19.00	16,690	30.90	25,783	42.80
19	12,365	19.30	21,905	31.20	36,909	43.10
22	14,734	19.10	28,713	31.00	52,791	43.00
25	17,458	18.40	37,424	30.30	75,051	42.10
28	20,747	18.80	48,920	30.70	107,033	42.60
31	24,955	20.20	64,726	32.30	154,496	44.30
34	28,550	14.40	81,457	25.80	212,126	37.30
37	31,870	11.60	100,021	22.70	284,152	33.90
40	35,771	12.20	123,491	23.40	382,713	34.60
43	38,125	6.50	144,780	17.20	489,486	27.80
46	38,221	0.20	159,659	10.20	588,870	20.30
49	38,182	-0.10	175,444	9.80	705,908	19.80
52	39,648	3.80	200,401	14.20	879,630	24.60
55	42,669	7.60	237,235	18.30	1,135,976	29.10
58	46,853	9.80	286,548	20.70	1,496,812	31.70
61	49,543	5.70	333,301	16.30	1,899,329	26.80
64	49,740	0.30	368,089	10.40	2,288,288	20.40
67	49,679	-0.10	404,401	9.80	2,742,578	19.80
70	46,515	-6.30	416,509	2.90	3,081,479	12.30

상기 예시는 갱신형 실손의료비 담보 특약의 보험료로써, 실손의료비 담보특약이 아닌 타 갱신형 담보특약의 보험료는 포함되어 있지 않습니다. 향후 갱신시 손해율, 의료수가 상승등에 따른 요율변경에 의해 해당보험료는 상기예시와 달라질 수 있습니다.

[그림 11] 2009년도에 판매된 M화재의 실손의료비보험상품의 3년 갱신보험료 예시표

위에 있는 갱신보험료 예시표를 보면 연령증가, 즉 가입자의 나이가 증가하는 부분만 적용한다면 가입일로부터 34년이 지나도 예상

되는 갱신보험료는 28,550원에 불과하다. 행여나 은퇴하였다고 해도 충분히 납입할 수 있는 금액이며, 55년 뒤에도 42,669원으로 크게 부담되진 않을 수 있다.

하지만 모든 보험사는 보험료 갱신시 연령증가는 물론 위험률을 적용하는데, 쉽게 말하자면 질병이나 사고가 발생할 수 있는 확률을 위험률이라고 할 수 있다. 나이가 들수록 질병의 위험에 노출될 수밖에 없고, 사고가 나면 더 크게 다치고 더 오래 병원 신세를 져야 하므로 보험회사는 매년 위험률을 평균 8~12% 정도 꾸준히 반영하고 있다. 34년 뒤 연령증가와 10% 위험률을 적용한다면 갱신보험료는 8만원대까지 치솟을 수 있으며, 55년 뒤에는 23만원대까지 오를 위험성도 충분히 있다. 은퇴 이후에도 한 달에 8만원, 나이가 들수록 그 이상의 보험료를 계속(80세 또는 100세) 납입해야만 실비보험 혜택을 받을 수 있다는 것인데… 이게 현실적으로 가능할까?

이는 비단 갱신형 실비보험에만 국한되는 문제는 아니다. S생명, I생명, K생명, H생명 등 규모가 큰 보험사들은 수술비, 입원비, 암, 성인병 관련된 보장을 갱신형으로 판매하고 있다는 사실을 다른 글을 통해서 이미 설명했다. 이러한 보장들의 경우에도 갱신시 연령증가는 물론 위험률을 산정해서 보험료를 인상하고 있기 때문에 갱신보험료 부담이 나이가 들수록 가중될 수밖에 없다.

상품명	피보험자	1회갱신 (가입나이+5세)	2회갱신 (가입나이+10세)	3회갱신 (가입나이+15세)	4회갱신 (가입나이+20세)	10회갱신 (가입나이+50세)
(무) 입원특약III (갱신형)	(25세)	4,800	4,200	4,500	5,700	20,100
(무) 암진단특약IV (갱신형)	(25세)	2,200	3,200	5,200	8,0[illegible]	92,000
(무) 안심암치료특약 (갱신형)	(25세)	1,000	1,600	2,200	3,200	29,000
(무) 수술특약VI (갱신형)	(25세)	2,400	3,100	3,800	4,800	14,200

※ 상기 예시는 75세 이상 시점 또는 최대 갱신 가능나이(5년 만기 갱신 기준)의 보험료를 포함하여 예시한 것으로, 최초계약 가입 당시의 보험요율을 기준으로 산출하였으므로, 갱신형 특약의 보험요율이 변동될 경우 갱신계약의 보험료는 상기 예시와 크게 달라질 수 있습니다.

※ 상기 보험료는 월납 기준으로 예시된 보험료이며, 비월납의 경우 상기 예시와 다릅니다.

[그림 12] 외국계 I생명보험사의 갱신보험료 예시표: 암진단특약을 갱신형으로 가입할 경우 10회 갱신 시점인 50년 뒤에는 92,000원까지 보험료가 올라갈 수 있으며, 보험료율이 변동될 경우 보험료는 더 크게 달라질 수 있다고 명시되어 있다.

[갱신에 따른 보험료 예시]

특약 보험료 예시(3년 갱신형)

구분	최초계약	1회갱신	2회갱신	3회갱신	4회갱신	5회갱신	15회갱신
경과년도	1~3년	4~6년	7~9년	10~12년	13~15년	16~18년	46~48년
재해추상골절치료비특약N(무)	1,000원	1,000원	1,000원	1,000원	1,100원	1,100원	1,800원
신CI보장특약N(무)	8,500원	13,000원	17,000원	22,500원	30,500원	40,500원	360,500원
두번째CI보장특약N(무)	6,000원	8,500원	11,000원	15,500원	20,500원	28,000원	279,000원
소액질병치료비특약N(무)	800원	1,200원	1,600원	2,000원	2,400원	2,400원	11,000원
신입원특약N(무)	4,800원	4,800원	4,800원	4,800원	4,800원	5,200원	20,200원
암직접치료비특약N(무)	900원	1,500원	1,500원	2,400원	3,000원	3,900원	34,800원
특정질병입원특약N(무)	1,600원	2,000원	2,600원	3,600원	4,200원	5,800원	42,200원
신수술보장특약N(무)	1,400원	1,500원	1,700원	1,900원	2,200원	2,900원	14,900원
질병·재해수술보장특약N(무)	900원	900원	1,100원	1,100원	1,200원	1,200원	2,500원
항암방사선·약물치료특약N(무)	60원	80원	100원	130원	170원	210원	2,170원

※ 상기 '특약 보험료 예시(3년 갱신형)' 예시 표에서 15회 갱신 보험료는 피보험자(본인형) 75세 시점 보험료를 포함합니다.

※ 상기 예시된 보험료는 갱신형 특약을 가입하고 약관에서 정한 갱신조건을 충족한 경우를 가정하여 최초가입 시점과 동일한 보험가입금액, 납입주기 등을 기준으로 산출한 보험료이며, 해당 특약의 각 피보험자별 합산 금액입니다.

※ 상기 예시된 보험료는 최초가입 시점의 기초율(적용이율, 위험률, 계약체결비용, 계약관리비용) 및 의료수가 [실손의료비보장특약D(갱신형 무배당)에 한함]를 기준으로 나이 증가분만을 고려한 보험료로서 향후 갱신 시점의 기초율 및 의료수가 변동에 따라 갱신 시점의 보험료는 상기 예시와 크게 달라질(특히, 인상될) 수 있습니다.

[그림 13] S생명 갱신보험료 예시표: 하단에 "갱신 시점의 보험료는 상기 예시와 크게 달라질(특히, 인상될)수 있습니다"라고 명시하고 있지만, 이 부분을 설명하는 보험설계사는 거의 없다.

갱신되며 인상되는 보험료를 80세, 100세까지, 은퇴 이후에도 계속 납입할 수 있다면? 다른 보험은 전혀 필요 없이 실비보험이나 통합보험 하나면 충분하다. 그렇지만 은퇴 이후 한 달 보험료로 20만원을 쉽게 낼 수 있는 사람이 얼마나 될까? 그리고 80세, 90세에도 보험료를 계속 납입할 수 있을까?

경제활동을 더 이상 하지 않을 확률이 높은 노후생활시기에 갱신보험료의 노예로 전락하지 않기 위해서는 수술비, 입원비, 암, 성인병 관련된 보장 정도는 비갱신형으로 준비할 필요가 있다. 비갱신형 보험이라면 정해진 납입기간 동안만 동일한 보험료를 납입하고, 보험혜택은 80세, 100세까지 길게 받을 수 있으므로 갱신보험료 부담이 전혀 없다.

만약 젊은 나이에 미리 보험료가 갱신되지 않는 비갱신형 종신보험에 각종 수술비, 입원비, 암, 성인병 관련 보장을 비갱신형(20년 납입 100세 보장형)으로 포함시키고, 의료실비 특약에 한해서만 갱신형으로 가입하여 유지하다가, 60세가 넘어 일을 하지 않을 때 갱신형 실비보험료가 월 10만원 이상으로 인상되어 보험료가 부담된다면? 그때는 본인의 선택에 따라 갱신형 실비보험을 해지하여도 무방하다. 왜냐하면 이미 납입이 끝난 비갱신형 종신보험으로 각종 수술비와 입원비, 암보험과 성인병 보험까지 80세, 100세까지 보장받을 수 있기 때문이다. 각종 검사비용은 보장되지 않지만 최소한의 수술비와 입원비, 진단비용 등의 의료비는 비갱신형 보험으로 충분히 보장받을 수 있다.

실비보험 하나만 있으면 된다고 설명하는 설계사가 있다면? "60세 넘어서 한 달 보험료가 얼마까지 오를까요? 보험료 계속 내려면 죽을 때까지 일해야만 하나요?" 하고 물어보기 바란다. 그리고 어떤 궁색한 변명을 하는지 잘 들어보고 판단하기 바란다.

우측의 QR코드를 스캔하면 네 번째 수법 관련하여 알아두면 좋은 실제 〈꼼수보험 상담사례〉를 확인할 수 있다.

다섯 번째,
"더 이상 가입결정을 미루면 보험료가 인상된다."

보험상담을 마친 뒤 보험설계사는 고객의 반응에 집중하게 된다. 그 반응에 따라 계약이 바로 체결될 수도, 시간이 좀 걸릴 수도, 또는 아예 안 이루어질 수도 있기 때문이다. 고객의 반응을 유도해내는 것이 보험설계사가 갖추어야 할 필수적인 능력이긴 하지만 간혹 거짓말을 섞어가며 빨리 계약부터 체결하려는 식의 영업을 하는 설계사들이 있다. 그것도 상담시에는 별 언급이 없다가 고객이 가입을 머뭇거리며 시간을 끌 때 이렇게 얘기한다.

"이번 주가 지나면 보험료가 오를 예정이라서요. 금요일, 늦어도 일요일까지는결정해야 보험료 오르기 전에 가입할 수 있습니다."

이 멘트의 진실 여부를 밝혀내려면 보험료가 오르는 경우에 대해서 미리 이해할 필요가 있다.

모든 보험사는 어떻게든 보험료를 올리고 싶어 안달이다. 보험회사 입장에서는 보험은 단지 하나의 상품일 뿐이고, 상품을 많이, 빨리 판매해야 또 다른 영업 기회가 열리며, 그래야만 더 많은 보험료를 거두어들일 수 있기 때문이다. 하지만, 막무가내로 보험료를 올린다면 여러 가지 철퇴를 맞을 수밖에 없기 때문에 보험회사는 몇 가지 경우에 한해서만 보험료를 인상한다.

1) 보험상령일 증가

보험 상령일은 가입대상자의 보험나이가 한 살 증가하는 날이다. 보통 생일이 지나면 한 살이 늘어나는 것이 우리의 나이 계산 개념이지만 보험에서는 생일로부터 6개월이 지나야 보험나이가 한 살 늘어난다.

보통 보험 상령일이 지나면 보험상품의 종류에 따라 다를 순 있지만 평균적으로 10% 미만의 보험료가 인상된다고 생각하면 된다. 따라서 본인의 보험 상령일 정도는 알고 있어야 똑같은 보험을 조금이라도 더 저렴하게 가입할 수 있다. 월 보험료가 2,000원 차이라고 하면 큰 차이가 아닌 듯 보일 수 있지만, 20년 동안 매월 2,000원씩 더 납입해야 한다고 생각하면 결코 적은 금액은 아니다.

2) 예정이율 인하

보험회사는 무수히 많은 보험가입자들에게 한 가지 빚을 지고 있다. 바로 '가입자들이 아프거나 다쳐서 보험금을 청구할 경우 보험금을 지급한다'는 내용의 빚이다. 이를 위해 보험사는 일정 비율 이상의 자금을 지급여력비율이라는 명목으로 반드시 유지해야 한다. 지급여력비율이 높은 회사일수록 보험금이 한 번에 많이 지출되어도 회사가 흔들리지 않고 정상적으로 운영될 수 있는데, 이와 같은 일정 비율 이상의 보험금을 유지하기 위해 적용되는 이자가 바로 예정이율이다. 예정이율이 높으면 높을수록 보험회사가 비축해 놓은 자금에 이자가 붙게 되고 이에 따라 보험회사는 가만히 앉아서 자금이 늘어나는 것을 즐기기 때문에 보험금 지급 금액 마련에 대한 부담은 줄어든다. 반대로 인하가 된다면 이자가 덜 붙어 자금이 덜 늘어나니 보험회사의 부담이 늘어날 수밖에 없다. 이럴 때 보험회사는 예정이율 인하로 인해 발생한 손해를 만회해야 하기 때문에 보험료를 올릴 수밖에 없다고 핑계를 대며 합법적으로 보험료를 인상한다.

그러나 모든 고객의 보험료가 인상되는 것은 아니다. 새로 가입하는 고객들, 갱신형 보험 가입한 고객들의 경우에만 보험료 갱신시에 영향을 받는다. 예정이율 인하는 바로바로 즉흥적으로 결정되는 것이 아니라 수개월 전에 예고가 되기 때문에 언론(뉴스, 인터넷 뉴스 등)을 통해 어렵지 않게 확인할 수 있으므로 갑작스럽게 보험료가 인상될 수 있다고 얘기하는 보험설계사의 멘트는 계약을 빨리 끌어내려는 꼼수일 가능성이 크다.

3) 상품개정

보험회사들은 과거에 많이 판매된 특정 상품의 보험금 청구가 많아질 경우 현재 판매되는 보험의 보장내용을 개정한 뒤 새로운 상품으로 만들어 재판매하는 일을 많이 한다. 이때 단순히 보장내용만 변경하는 것이 아니라 기본보험료를 인상하는 꼼수를 부리기도 한다. 개정 전에는 기본적으로 설정되는 사망보험금이 2,000만원이었는데 개정 후에는 3,000만원으로 1,000만원 증가시키면서 최저보험료를 3만원에서 4만원으로 인상하는 등의 방법이 주로 사용된다.

상품개정 또한 수개월 전부터 예고가 되는데 예정이율 인하의 경우와는 달리 보험설계사들에게 보험회사가 예고를 하고, 개정되기 전에 최대한 많이 판매하라는 절판 마케팅을 벌일 것을 강조한다. 상품 판매가 종료되는 것은 보통 월 단위로 이루어지기 때문에 월말까지만 가입을 완료한다면 개정되기 전의 보험에 가입할 수 있으므로 보험설계사들의 말처럼 반드시 이번 주까지만 가입해야 하는 것은 절대 아니다.

위에 언급한 3가지 경우가 보험회사가 보험료를 올리는 방법이다.

만약 보험설계사가 "보험료가 오르기 때문에 빨리 서둘러야 한다"고 말하며 가입을 재촉한다면 위 세 가지 경우 중 어떤 경우에 해당하는 것인지 반드시 물어보아야 한다.

주의: 일부 설계사의 경우 매주 일정 건수 이상의 계약을 연속으로 체결하는 '본인과의 약속'을 실천하기 위해 빠른 계약체결을 요구하는 경우가 있다. 만약, 상담과정을 통해 믿을 수 있는 설계사라고 여겨진다면 계약체결을 위해 너무 뜸을 들이지는 말고 과감히 설계사를 응원해 주는 여유도 좋다고 생각한다. 단, 신뢰감이 들 때 만이다.

우측의 QR코드를 스캔하면 다섯 번째 수법 관련하여 알아두면 좋은 실제 〈꼼수보험 상담사례〉를 확인할 수 있다.

여섯 번째,
"CI보험 가입하면 모든 암이 다 보장되고 보험료 납입면제도 가능합니다."

CI보험이라는 보험이 있다. Critical Illness, 치명적(중대한) 질병 또는 중대한 수술을 받을 경우 CI보험금(사망보험금의 50~80%)을 지급하고 보험료 납입이 면제되는 보험인데, 이 상품을 판매하는 보험설계사는 3가지 부류이다.

첫 번째는 상품을 완전히 이해하고, 기본적인 보장성보험이 갖추어져 있는 사람에게 추가로 판매하거나, CI보험의 한계성을 충분히 파악하고 보완할 수 있는 특약(암진단/암수술/암입원/성인병진단 특약 등)을 포함시켜 판매하는 부류.

두 번째는 상품을 잘못 이해하고 많은 사람들이 갖고 있는 암에 대한 공포심리를 자극하여 '암에 걸리면 무조건 큰 진단금 지급되고 보험료 내지 않아도 된다'는 설명을 곁들여 판매하는 부류.

세 번째는 상품에 대해 어느 정도 이해하고 있으면서 수당이 많이 지급되도록 설계하여 암에 대한 공포심리를 이용하여 판매하는 부류.

[그림 14] KBS 소비자리포트 CI보험의 진실 편에서 공개되었던 CI보험에 대해 설명하는 어느 설계사의 모습

위 세 가지 부류 중 두세 번째 부류들로 인해 많은 보험피해가 일어났고, 그에 따라 많은 민원이 제기된 보험이 바로 CI보험이다. 보험회사별로 다양한 이름으로 판매하고 있지만(S생명 리빙케어, I생명 라이프케어CI, A생명 통합CI 등) 기본적인 개념은 동일하다.

CI보험은 꼼수보험설계사들의 설명처럼 암에 걸리면 큰 액수의 진단금이 지급되고 보험료 납입도 면제되는 보험일까? 맞는 말이기도 틀린 말이기도 하다. 이를 확인하기 위해서는 금융감독원에서 2010년 7월에 발표한 치명적 질병(Critical Illness)보험 가입 시 유의사항 정례브리핑 자료와 각 보험사의 약관 내용을 살펴볼 필요가 있다.

"고객중심의 사고, 고도의 전문성, 신뢰받는 금융감독"

정례브리핑 자료

2010. 7. 22.(목) 조간부터 보도 가능

작성부서	금융감독원 보험계리실 생명보험팀			
책 임 자	채회성 팀장(3145-8230)	담 당 자	김철영 선임조사역(3145-8227)	
배 포 일	2010. 7. 20.(화)	배포부서	공보실(3145-5789~92)	총 12매

제 목 : 치명적 질병(Critical Illness)보험 가입시 유의사항

□ 치명적 질병보험(Critical Illness; 이하 CI보험)은 국내에서 2002년 최초로 개발·판매된 이후, 최근 판매가 대폭 증가하고 있음

※ (해외사례) 1983년 남아공에서 최초로 판매되었으며, 현재 영국 및 호주 등에서 판매가 활성화 되어 있음(전체 신계약의 30~50% 수준)

< 연도별 생보사 CI보험 판매현황 >

(단위 : 천건, 억원, %)

구 분	FY07	FY08	전년대비	FY09	전년대비
신계약 건수	1,101	1,046	△5.0	1,375	31.5
초회보험료	2,180	1,930	△11.5	3,692	91.3
수입보험료	73,593	75,727	2.9	83,386	10.1

주1) (증가이유) 평균수명의 연장으로 생존보장에 대한 소비자의 니즈가 증가하면서 사망보험금 이외 생존보장을 강조한 CI보험의 판매가 꾸준히 증가
2) 생보사는 주계약 또는 특약 형태로 판매(손보사는 특약으로만 판매중)
3) 금융위기 영향으로 FY08의 신계약 건수·금액은 전년 대비 감소했으나 전체 비중은 증가

□ 그러나, CI보험은 보장질병에 대한 소비자의 이해도가 낮고 기존 건강보험 등과의 차이점에 대한 인식도 부족하여,

○ 금융감독원은 CI보험에 대한 소비자의 이해를 도와 민원발생을 예방하고자 금번 자료를 작성하였음

☞ 본 자료를 인용하여 보도할 경우에는 출처를 표기하여 주시기 바랍니다.
http://www.fss.or.kr

1. CI보험이란?

□ (정의) CI보험이란 종신보험에 CI보장을 결합하여 중대한 질병이나 수술 등 발생시 치료자금 용도로 사망보험금의 일부를 선지급하는 보험상품임

ㅇ 일반적인 보험상품은 질병의 종류만으로 보장여부를 구분하지만, CI보험은 질병의 종류와 함께 심도(예: 중대한 암 對 치료가 손쉬운 암)에 따라서도 보장여부를 판단*하고 있음

- (사유) 동일한 질병이라도 중증의 질병은 더 많은 치료비용이 필요함

< CI보험의 보험금 지급대상(예시) >

구 분	보 장 질 병
중대한[주)] 질병	중대한 암, 중대한 뇌졸중, 중대한 급성심근경색증, 말기 신부전증, 말기 간질환, 말기 폐질환 등
중대한 수술	관상동맥우회술, 대동맥류인조혈관치환수술, 심장판막수술, 5대장기(간장,신장,심장,췌장,폐장) 이식수술
중대한 화상 및 부식	신체표면의 최소 20% 이상의 3도 화상 또는 부식을 입은 경우

주) "중대한"의 정의 : 회사별 판매약관에 따라 일부 다르나, 중대한 암의 경우 통상 악성종양세포의 침윤파괴적 증식이 있고 종양의 크기가 일정기준 이상인 암에 한정(단, 피부암, 초기 전립샘암, 갑상샘암 등 제외) ☞ < 참고자료 4 > 참조

□ (보험금 지급구조) CI보험은 중대한 질병이나 수술 등 발생시 사망보험금의 일부(50%~80%)를 사망전에 미리 지급*하는 구조임

- (사유) 사망에 이를 수 있는 중대한 질병에 걸린 보험대상자에게 고액의 보험금을 사전에 제공하여 치료에 전념할 수 있게 하기 위함

< CI보험의 보험금 설계구조 >

CI 보험금	사망보험금
▪ CI보험금의 지급사유가 발생하면 사망보험금의 50%~80%를 선지급	▪ 사망시 기지급 CI보험금을 제외한 나머지* 사망보험금을 지급 * 단, CI보험금 지급사유 미발생시, 사망보험금의 100%를 사망후 지급

국내에서는 2002년부터 판매되기 시작한 CI보험은 약관상에서 규정하고 있는 '중대한'이라는 의미가 해석의 주체에 따라 달라지면서 보험금 미지급사례가 많이 발생하였고, 이에 따라 가입자들은 보험회사와 법정다툼까지 이르는 경우가 많아졌다. 특히 금융감독원이 국회에 제출한 최근 3년간(2013년~2015년) 17개 생명보험사 CI보험 현황 자료에 의하면 가입자의 보험금 신청이 거절되는 비율을 말하는 부지급률이 10%대인 회사가 다수 존재하였으며, 이는 같은 기간 국내 전체 생명보험 평균 부지급률이 1.35%인 것과 비교하면 10배 이상 부지급률이 높다(부지급률이 5~10%인 회사도 2곳 이상).

이러한 CI보험금 부지급으로 인한 혼란을 예방하고자 금융감독원은 2010년 정례브리핑 자료를 발표하면서 CI보험 관련 민원에 대한 자신들의 입장을 어느 정도는 밝혔는데, 그들의 입장은 간단하다. '잘못 알고 가입하면 본인들도 어쩔 수 없으니 사전에 잘 알아보고 가입하라'는 게 금융감독원 측의 입장이다.

그리고 일반적인 건강보험과 CI보험에서 사용하는 암, 뇌졸중의 정의에 대해서도 비교를 하였다. '기존의 건강보험은 암, 뇌졸중의 통상적 정의를 그대로 사용하지만, CI보험에서는 질병의 심도를 반영하여 약관에 별도로 구체적으로 규정하고 있다'라고 말이다.

2. CI보험 가입시 유의사항

가 암, 뇌졸중 등 진단시 항상 CI보험금을 지급받는 것은 아니다.

□ 기존의 건강보험은 암, 뇌졸중의 통상적 정의를 그대로 사용하지만,

- CI보험에서는 "중대한 질병/중대한 수술/중대한 화상 및 부식"의 정의를 질병의 심도를 반영하여 약관에 별도로 구체적으로 규정하고 있음

□ 따라서, 암, 뇌졸중 등의 진단서를 발급받은 경우에도 CI보험 약관의 정의에 부합하지 않은 경우에는 보험금 지급이 거절 될 수 있음

< 보장대상 질병의 정의 비교(예시) >

	건강보험[주)]	CI보험 (중대한 질병)
(중대한) 암	정상적인 조직 세포가 각종 물리적·화학적·생물학적인 암원성 물질의 작용 또는 요인에 의해 돌연변이를 일으켜서 과다하게 증식하는 증상	**악성종양세포**가 존재하고 또한 주위 조직으로 악성종양세포의 **침윤파괴적 증식**으로 특징지을 수 있는 악성종양 (초기 전립샘암 등 일부 암 제외)
(중대한) 뇌졸중	뇌의 혈액순환장애에 의하여 일어나는 급격한 의식장애와 운동마비를 수반하는 증상	거미막밑**출혈**, 뇌내**출혈**, 기타 비외상성 머리내 **출혈**, 뇌경색이 발생하여 뇌혈액순환의 급격한 차단이 생겨서 그 결과 **영구적인 신경학적결손**이 나타나는 질병
(중대한) 급성 심근경색증	3개의 관상동맥 중 어느 하나라도 혈전증이나 혈관의 빠른 수축 등에 의해 급성으로 막혀서 심장의 전체 또는 일부분에 산소와 영양 공급이 급격하게 줄어듦에 따라 심장 근육의 조직이나 세포가 괴사하는 증상	관상동맥의 폐색으로 말미암아 심근으로의 혈액공급이 급격히 감소되어 전형적인 **흉통의 존재**와 함께 해당 **심근조직**의 비가역적인 **괴사**를 가져오는 질병 (발병 당시 아래 2가지 특징 要) 가) 전형적인 급성심근경색 **심전도 변화**가 새롭게 출현 나) CK-MB를 포함한 **심근효소**가 발병 당시 새롭게 상승

주) 건강보험은 약관에서 질병의 정의를 별도로 정하지 않고 다른 보험의 정의를 그대로 사용

⇒ 보험소비자는 CI보험 가입시, 보험안내자료 및 약관 등을 통해 보장대상 질병의 종류와 정의를 미리 확인하는 것이 바람직함

[그림 15] 금융감독원에서 밝힌 CI보험의 중대한 질병 정의는 CI보험을 판매하는 보험사들의 약관에도 똑같이 표기되어 있다.

나 | CI보험 가입전에 보장범위 및 금액을 건강보험과 비교해야 한다.

□ CI보험은 중대한 질병 등에 대해 고액보장을 미리 받을 수 있는 장점이 있지만, 보장범위는 건강보험(또는 실손의료보험)에 비해 훨씬 제한적임

ㅇ 건강보험은 다양한 질병으로 인한 진단, 입원, 수술 보험금을 지급하는 반면, CI보험은 중대한 질병의 진단과 중대한 수술 및 화상·부식에 대해서만 보장(사망보험금 일부 선지급)함

< 보험금 지급대상 비교 >

CI보험	건강보험	실손의료보험
• 중대한 질병 • 중대한 수술 • 중대한 화상 및 부식	• 통상 약관상 정한 질병·상해에 따른 입원, 수술, 진단비 등	• 질병 또는 상해로 인해 의료기관에서 치료목적으로 발생한 의료비

□ 따라서, CI보험 가입전에 CI보험과 건강보험의 보장범위 및 금액을 비교한 후 자신의 보험가입 목적이 어느 보험에 적합한지 여부를 따져보는 것이 바람직함

ㅇ 참고로, 생명보험사 또는 생명보험협회 인터넷 홈페이지를 통해 판매중인 보험상품의 보장내용과 금액 등을 간편하게 확인할 수 있음

다 | CI보험은 동일 가입금액의 종신보험보다 보험료가 비싸다.

□ CI보험은 중대한 질병 등이 발생시 총보험금에서 사전에 약정된 비율만큼을 선(先)지급하는 형태의 종신보험으로

ㅇ 보험수익자가 보험기간중 수령할 수 있는 보험금 총액은 CI보험(선지급보험금 + 사망보험금)이나 종신보험(사망보험금)이 서로 동일함

(2) 리빙케어보험금(약관 제18조 제2호)

지급사유	보험대상자(피보험자)가 제1보험기간 중 「중대한 질병 및 수술 보장개시일」 이후에 「"중대한 질병"으로 진단확정 받거나 "중대한 수술"을 받았을 때」
지급금액	· 1종 : 보험가입금액의 50% · 2종 : 보험가입금액의 80% ※ 리빙케어보험금은 "중대한 질병" 또는 "중대한 수술" 중 최초 1회에 한하여 지급하며, 「중대한 질병 및 수술 보장개시일」 이후 보험계약일부터 1년이내 유방암으로 진단확정 받았을 때에는 상기 금액의 50%(1종 : 보험가입금액의 25%, 2종 : 보험가입금액의 40%)를 지급합니다.

I. 중대한 암(Critical Cancer)

① "중대한 암" 이라 함은 악성종양세포가 존재하고 또한 주위 조직으로 악성종양세포의 침윤파괴적 증식으로 특징 지을 수 있는 악성종양을 말하며, 다음 각호에 해당하는 경우는 보장에서 제외합니다.

[그림 16] S생명의 CI보험(리빙케어보험) 약관의 보험금 지급규정 및 중대한 암의 정의를 보면 금융감독원 정례브리핑 자료의 중대한 암과 동일하다.

일반적인 건강보험(암보험 등)에서는 진단받은 암의 종류에 따라 정해진 암 진단금을 지급하지만, CI보험의 경우에는 주변조직으로의 침윤 파괴적 증식(전이)가 나타나야만 중대한 암으로 인정하고 CI보험금을 지급하며, 보험료 납입면제도 가능하다(보통 주변조직으로의 전이는 최소 2기암부터 발생하며, 전이가 일어난 암의 경우 치료 후 5년 이내 생존율이 상당히 낮다).

일반적인 암보험의 암진단금 지급규정을 보면 고액치료비암, 일반암, 소액 치료비암으로만 종류를 구분하고 있으며, 침윤 파괴적 증식 등의 조건은 어디에도 없다.

보험금 지급기준표

• **암진단급여금**

[기준 : 특약보험가입금액 1,000만원]

지급사유	지급금액			
이 특약의 보험기간 중 피보험자가 암보장개시일 이후에 "고액치료비 암" 또는 "고액치료비 암 이외의 암"으로 진단확정 되었을 경우 (다만, 최초 1회의 진단 확정에 한함)	- 고액치료비 암 : 가입 후 보험년도에 따라 "고액치료비 암 이외의 암" 암진단급여금의 1.5배 지급 - 고액치료비 암 이외의 암 : 가입 후 보험년도에 따라 아래와 같이 차등하여 지급함			
	보험년도	암진단급여금	보험년도	암진단급여금
	~ 2년	500만원	16년	1,550만원
	3년 ~ 5년	1,000만원	17년	1,600만원
	6년	1,050만원	18년	1,650만원
	7년	1,100만원	19년	1,700만원
	8년	1,150만원	20년	1,750만원
	9년	1,200만원	21년	1,800만원
	10년	1,250만원	22년	1,850만원
	11년	1,300만원	23년	1,900만원
	12년	1,350만원	24년	1,950만원
	13년	1,400만원	25년	2,000만원
	14년	1,450만원	이후	2,000만원
	15년	1,500만원		

• **소액치료비암진단급여금**

지급사유	지급금액
이 특약의 보험기간 중 피보험자가 기타피부암, 제자리암, 경계성종양, 갑상선암 또는 대장점막내암으로 진단확정 되었을 경우 (다만, 각각 최초 1회의 진단 확정에 한함)	보험계약일부터 2년 미만 경과했을 때 : 150만원 보험계약일부터 2년 이상 경과했을 때 : 300만원

이처럼 CI보험의 약관내용만 살펴봐도 '암에 걸리면 무조건 CI보험금이 지급되고 보험료 납입 면제된다'는 꼼수보험설계사의 설명은 틀린다는 것을 알 수 있다.

그럼에도 보험설계사들이 고객을 속여가며 CI보험을 판매하려는 이유는 무엇일까?

앞에서 세 번째 부류로 언급한 것처럼 CI보험은 다른 보장성보험에 비해 보험료가 비싸다. 그 이유는 CI보험금 가입금액(주계약 가입금액)이 높으면 높을수록 수당이 많이 지급되기 때문인데 보통 CI보험을 판매하는 설계사들은 암진단금과 사망보험금의 중요성을 강조하면서 최소 5,000만원 이상의 CI보험금(주계약) 가입금액을 설정하여 가입시키고 있다. 그리고 다른 부수적인 보장성특약(수술비, 입원비, 소액치료비암 진단금 등)은 갱신형(3년/5년/15년 등)으로 설계하여 전체 보험료를 일반적인 비갱신형 종신보험의 수준으로 맞추어 판매한다. 이럴 경우 월 보험료는 일반 종신보험과 비슷하거나 더 저렴해 보일 수 있지만 갱신형 특약이 다수 포함되어 보험료는 80세까지 계속 납입해야 하며, 주계약 가입금액이 높게 설정되어 보험설계사에게 더 많은 수당이 지급된다. 그리고 갱신형 특약들의 보험료가 저렴한 만큼 수당도 적을 수밖에 없다는 점도 CI보험을 판매하는 설계사들이 주계약 가입금액을 높여서 가입을 권하는 또 다른 이유이기도 하다.

암에 대한 공포심리 덕분에 고객들에게 어필하기 쉽고, 수당도 많이 지급되는데 CI보험을 판매하지 않을 이유가 있을까? 무분별한 CI보험 가입권유로 인한 보험피해·보험사기를 방지하기 위해서는 CI보험이 어떤 보험인지만이라도 확실히 이해하고 있어야 한다.

상품설명서나 약관에 포함되어 있는 '유의할 사항'을 제대로 설명하는 보험설계사는 거의 없다.

보험금지급 관련 특히 유의할 사항

【주계약】

- CI보험은 전체 질병이 아닌 중대한 암 등 약관에서 정하는 특정한 질병만을 보험금 지급대상으로 하므로, 중대한 질병이 무엇인지를 반드시 확인하시기 바랍니다.
- 사망보험금은 CI보험금을 수령한 경우에는 보험가입금액의 50%(50%선지급형) 또는 20%(80%선지급형)만 지급합니다.

"암에 걸리기만 해도 암진단금이 무조건 지급되고, 보험료는 내지 않아도 되는 보험이 CI보험입니다. 이보다 좋은 보험이 또 있을까요?

이렇게 암보험이 아닌 CI보험 가입을 권유하는 보험설계사는 멀리하는 게 좋다.

우측의 QR코드를 스캔하면 여섯 번째 수법 관련하여 알아두면 금융감독원 정례브리핑 자료에 대해 더 자세히 확인할 수 있다.

일곱 번째,
"일단 가입 후 2년만 유지해보세요."

월 보험료는 보험가입을 고려할 때 가장 신경 쓰이는 부분이다. 가입자의 입장에서는 보험가입을 주저하는 가장 큰 이유이기도 하다. 보험료는 너무 저렴하거나 너무 비싸도 좋지만은 않다. 어디까지나 보험료는 내가 부담 없이 낼 정도여야 하며, 재무설계 관점에서의 보장성보험의 보험료는 본인 월 소득 대비 8~9%가 적당하다고 한다.

하지만 꼼수보험설계사들은 어떻게 해서든 고객을 가입시키고 보려는 의지(?)가 강하다. 화려한 언변과 화술로 일단 가입은 시켜놓고 뒷일은 생각지 않는다. 그들이 주로 사용하는 수법은 2년 이후를 강조하는 것이다.

"보험료 부담이 되실 수도 있습니다. 하지만, 시작을 하지 않으면 아무것도 할 수 없다는 거 아시죠? 우선 가입 후 2년이라는 시간 동안 습관을 들여 보세요. 2년 뒤에도 보험료가 비싸다고 느껴지

시면 그때 가서 보험료를 줄이실 수 있습니다."

위와 같은 설명은 얼핏 들으면 의지가 약한 가입자를 응원하는 듯한 뉘앙스로 들릴 수 있지만, 실상은 설계사 본인에게 지급되는 계약유지율 보너스, 잔여수당 등을 받기 위한 꼼수에 지나지 않는다.

보험회사별로 기간의 차이는 있을 수 있지만 보통 하나의 보험계약에서 지급되는 여러 가지 명목의 수당 중 일정기간 이상 계약이 유지되어야만 지급되는 수당이 있다. 계약 유지수당이라고 할 수 있는데, 어떤 회사는 최장 3년까지 계약유지수당이 지급되기도 하고, 어떤 회사는 2년까지만 지급되기도 하는 등 회사별로 약간의 차이가 있다.

계약유지수당 지급조건이 '2년 동안 해당 보험계약 유지'인 회사의 꼼수 설계사는 어떻게 해서든 고객이 2년 동안 보험료를 납입하도록 권유할 것이며, 2년만 버티면 더 이상 지급되는 수당이 없기 때문에 고객이 해지를 하건 보험료를 줄여(부분해지) 유지를 하건 아무런 상관이 없다. 2년 동안 계약유지수당을 다 받아내는 게 목적이니까….

따라서 보험가입 상담을 받을 때 설계사가 권해주는 보험료를 무조건 받아들이기보다는 '내가 매월 이 정도 돈이 없어도 생활하는

데 불편함이 없는지'를 충분히 고려해야 하며, 보장성보험(종신보험, 건강보험, 암보험, 실비보험 등 합산) 보험료는 본인 월 소득의 8~9%, 저축상품(비과세 저축보험 및 연금상품 등)보험료는 본인 월 소득의 10~20%를 넘지 않는 선에서 결정해야 보험료 부담 없이 보험을 오랫동안 유지할 수 있다.

2년 또는 3년 이후를 강조하며 일단 가입해보고 결정하라는 보험설계사에게는 계약유지수당 지급조건이 어떻게 되는지 물어보라. 동공이 흔들리며 당황할 것이다.

우측의 QR코드를 스캔하면 일곱 번째 수법에 관련된 실제 〈꼼수보험 상담사례〉를 확인할 수 있다.

여덟 번째,
"죽어야만 도움 되는 종신보험보다는 실비보험이 더 좋습니다."

보험에 대한 안 좋은 이미지 중 가장 많은 부분을 차지하는 것이 바로 종신보험이다. '죽어야만 도움이 되는 보험인데 죽어서 보험금 받으면 무슨 소용 있나'라는 인식이 너무나도 널리 퍼져있기 때문이다. 많이 개선되었다고는 해도 여전히 종신보험 하면 죽어야만 지급되는 보험금이라는 인식이 강하다.

이처럼 잘못 형성된 종신보험의 이미지를 손해보험·화재보험사의 꼼수 설계사들은 적극 활용하고 있다. 화재보험·손해보험과 생명보험의 태생적인 차이로 인해 사망보험금의 기능과 개념이 약간은 다르지만, 이론적으로만 얘기한다면 그들이 말하는 것처럼 종신보험은 죽어야만 지급되는 사망보험금이 주가 되는 보험이 맞다.

하지만 종신보험은 설계사가 어떤 방법으로 설계하여 판매하느냐에 따라 죽어야지만 도움 되는 보험이 될 수도 있고, 살아있을 때도 도움 되는 보험이 될 수도 있다. 일부 화재·손해보험사의 꼼수

설계사들은 본인들의 주력판매상품인 갱신형 실비보험이나 통합보험상품 판매를 위해 무조건 "종신보험은 죽어야만 도움이 되는 쓸모없는 보험"이라고 강조한다.

종신보험을 설계할 때 주계약(사망보험금)만 설정하여 가입한다면 이 보험은 죽어야만 도움이 되는 보험이 맞다. 하지만 숨겨진 기능 하나를 덧붙이자면 계약자의 보험나이 45세 이후에는 적립되어 있는 해지환급금을 연금으로 전환하여 수령할 수 있는 기능이 있으므로 '죽을 때는 물론, 살아있을 때도 연금(금액이 많지는 않더라도)으로 활용할 수도 있는 도움이 되는 보험'이라고 해야 맞다.

여기에 추가로 각종 질병 진단금(암, 뇌출혈, 급성심근경색 등)과 수술비(암, 성인병 및 모든 종류의 질병·사고 보장), 입원비(모든 종류의 질병·사고 입원 보장), 특정질병 수술비 및 입원비(암수술비, 암입원비 등)를 특약으로 선택하여 가입한다면? 종신보험은 그저 죽어야만 도움이 되는 쓸모없는 보험이 아니라, 죽을 때는 물론이고 살아있을 때는 수술비, 입원비, 진단비가 보장되며, 연금도 받을 수 있는 종합보험이라고 해야 정확한 표현이 된다.

이러한 표현은 자동차를 구입할 때 이런저런 옵션 및 기능을 포함시키는 것과 마찬가지이다. 자동차라는, 길어야 10년밖에 타지 못 할 상품조차도 이런저런 옵션을 넣어보고 가격을 따져보고 구입하는 반면, 최대 100세까지 유지할 수 있는 종신보험에 가입할 때에는 어째서 이런저런 옵션을 넣어 볼 생각을 하지 않는 것일까? 당연히 이 모든 것은 보험설계사의 문제이다. 그중에서도 꼼수 부리는 데에 급급한 설계사들의 문제이다.

과거 우리나라 보험영업의 대부분을 차지했던 비전문적인 설계사들에 의해 사망보험금만 보장되는 종신보험이 제대로 된 설명을 건너뛴 채 '이거 하나 해' 수법으로 많이 판매되었다. 가입자는 당연히 아프거나 수술받으면 보장받을 것이라고 생각하고 가입했다가 실제적으로는 사망보험금만 지급된 경우가 많았기 때문에 '종신보험은 죽어야만 도움 된다', '보험은 필요 없다'는 인식이 많이 퍼질 수밖에 없었다.

그러다가 2000년대 초중반, 외국계 보험사가 진출하면서 보험설계사 선별 기준을 강화한 뒤로는 남자, 여자 설계사를 막론하고 어느 정도 전문적인 지식을 기반으로 보험판매를 하여 인식의 변화가 조금씩은 이루어지고 있다. 하지만 아직도 잘못된 방법으로 종신보험을 판매하는 일부 꼼수 설계사들의 활약 덕분에 아직은 갈 길이 멀었다고 생각된다.

다시 한번 강조한다.

종신보험은 제대로만 가입하면 죽을 때는 물론, 살아있을 때도, 오래 살아갈 때에 도움이 되는 종합보험이다!

우측의 QR코드를 스캔하면 여덟 번째 수법에 관련된 실제 〈꼼수보험 상담사례〉를 확인할 수 있다.

아홉 번째,
"암보험은 암진단금만 크게 가입하면 충분합니다."

보험에 대해 별 관심이 없다가도 주변에서 수술을 받거나 병에 걸리거나 하면 으레 '암보험이라도 하나 들어놓을까?' 생각하게 된다. 더군다나 TV 채널을 돌리다 보면 어쩜 그렇게 암보험을 판매하는 홈쇼핑 채널이 많은지 보험업에 종사하는 나조차도 가끔은 채널을 돌리던 손가락질을 멈추고 볼 때가 있다. 보험의 필요성을 문제가 생기기 전에 미리 깨닫는 것만큼 좋은 것은 없겠지만, 이럴 때일수록 주의해야 할 것이 바로 보험설계사들의 꼼수이다.

암보험에 가입하려는 고객에게 일부 꼼수 설계사들은 암진단금 가입금액만 크게 설정하여 가입을 시키거나, 자신이 몸담은 회사의 암진단금만 보장되는 암보험을 권하는 경우가 많다. 물론 암진단금만 보장되는 암보험이 나쁜 것은 절대 아니다. 다만 암진단금은 단 1회만 지급된다는 점에서 재발한 암이나 재발한 암으로 인해 수술 및 입원할 경우 받을 수 있는 보험금이 없다는 문제점이 있다. 특히 5대암(위암, 폐암, 대장암, 간암, 유방암)의 재발률은 모두 50% 이상 된다고 하며, 재발한 암으로 인한 암 재수술 및 재입원도 그에 못지않게 높은 비중을 나타내고 있다.

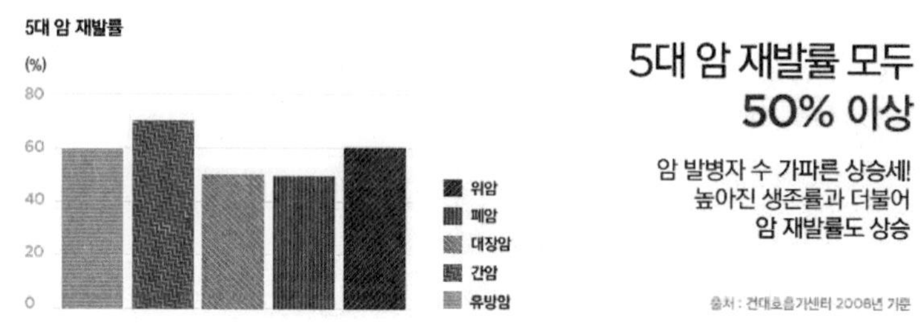

위의 그래프처럼 암은 단 1회만 걸릴 수도 있지만 그에 못지않게 재발할 확률이 높은 질병이다. 그리고 과거처럼 암을 뒤늦게 발견하여 별 손도 못 쓰고 사망하는 경우보다는 의학기술의 발달에 따라 암 진단 후 5년 이내 생존율이 과거보다 상당히 높아졌으며, 조기에 발견하여 치료할 경우 정상인과 다름없는 정상생활도 가능하다.

하지만 제대로 된 관리 및 정기적인 검사에 소홀해질 경우 얼마든지 재발하고 재수술받을 위험성이 있는 질병이기에 암진단금만 1회 보장되는 암보험보다는 재수술을 해도 받을 수 있는 암수술비와 암입원비, 그리고 항암치료 및 항암방사선 치료비 등도 보장이 되는 암보험에 가입하는 게 더 유리하다.

설계사 입장에서는 당연히 암진단금 가입금액에서 발생하는 수당이 더 높기 때문에 일부 꼼수보험설계사는 앞뒤 재지 않고 진단금 가입금액을 크게 설정하여 판매하고 있다. 그들의 논리는 이렇다.

"자질구레한 암수술비, 암입원비 받는 것보다는 암진단금 8,000만원 정도 받아서 치료비와 생활비로 쓰는 게 더 좋아요."

이러한 식의 설명은 암에 반드시 걸릴 사람에게는 유용하게(?) 적용될 수 있겠지만, 그 누구도 암에 걸리기 위해 암보험에 가입하지는 않는다. 그보다는 암에 걸릴 수도 있기 때문에 부담되지 않는 선에서 암보험에 가입하는 것이고, 어느 한쪽의 가능성에만 치우치는 보험이 아니라 다양한 경우에도 필요한 보험금을 그때그때 받을 수 있는 보험에 가입하는 게 정상적인 모습이다.

그리고 갱신형 암보험보다는 비갱신형 암보험이 오래 유지하기에 부담이 훨씬 덜하다는 것은 별도의 설명을 하지 않아도 널리 알려진 사실이기에 생략하도록 하겠다.

만약 암보험 상담을 받기 위해 보험설계사를 만났는데 '암진단금만 있으면 된다'고 얘기한다면? 과감히 'No, Thank you' 하고 다른 보험설계사를 다시 소개받기 바란다.

우측의 QR코드를 스캔하면 암보험에 가입하는 올바른 방법에 관련된 내용을 확인할 수 있다.

열 번째,
“보험은 다 비슷하니까 저만 믿고 가입하세요.”

“보험회사는 다 비슷하고 상품도 그게 그거야. 그보다는 믿을 수 있는 설계사 만나는 게 얼마나 힘든데… 그런 면에서 나 통해서 가입하면 넌 행운인 거야. 우리 복잡하게 말고 간단하게 보험 가입하자. 응?”

얼마 전 실제로 커피숍에서 들은 보험설계사와 고객의 상담 내용이다. 친한 사이라서 저렇게 얘기할 수도 있겠지만, 사실관계를 따져보면 결코 고객에게 좋지만은 않은 상황이다.

그가 말한 대로 보험회사는 다 비슷할까? 절대 그렇지 않다.

회사별로 취급하는 상품의 종류는 비슷하지만 세부적인 측면에서는 다를 수 있다(실비보험은 동일한 내용의 약관을 적용하기 때문에 회사에 따른 큰 차이는 없다). 어떤 회사는 암보험이나 종신보험을 비갱신형으로 판매하는데 어떤 회사는 전부 갱신형으로만 판매하기도 하고, 암보험의 경우에는 암진단금을 구분하는 기준이 어떤 회사는 유방암·남녀생식기암에 대해서 고액암 이외의 암(일반암)진단금 지급기준을 적용하는 반면, 어떤 회사는 별도의 유방암·남녀생식기암으로 구분하여 고액암 이외의 암(일반암)보다 적은 금액의 암진단금을 지급하기도 한다.

종신보험의 해지환급금을 연금으로 전환하여 사용하는 경우에도 어떤 보험사는 연금 수령기간에도 갱신형 특약의 보험료는 계속 납입해야 하지만, 어떤 보험사는 비갱신형이기 때문에 연금으로 전환하여 사용하더라도 보험료를 더 낼 필요가 없는 상품을 판매하기도 하며, 보험상품(저축보험, 종신보험 등)에 적용되는 공시이율도 크진 않지만 보험사별로 분명한 차이가 있다.

오히려 '나만 믿고 가입하면 문제없어'라는 식의 지인영업을 통해 잘못 가입된 보험들로 인해 많은 민원이 제기되기도 하며, 고객에게 지킬 수 없는 공수표(오랫동안 일할 겁니다, 평생 보험 일을 할 겁니다 등)를 남발하며 보험가입 이후에는 소식을 딱 끊는 보험설계사들이 야기하는 민원들도 상당수 존재한다.

보험은 한번 가입으로 오래오래 유지해야 하며, 그러기 위해서는 제대로 된 상담을 통해 가입해야만 한다. 그런 만큼 어느 한 회사의 보험상품만 알아보기보다는 너무 속 보이지 않는 선에서 어느 정도의 비교상담 정도는 반드시 받아 볼 필요가 있다(필요한 정보만 쏙 빼먹고 연락을 끊는 상담고객들로 인해 많은 보험설계사들이 피해를 보고 있다. 거절할 때 거절하더라도 최소한의 인간적인 예의는 반드시 필요하다).

이제는 '나만 믿고 가입하면 돼' 식으로 보험가입 하는 시대는 지났다!

우측의 QR코드를 스캔하면 열 번째 수법에 관련된 실제 〈꼼수보험 상담사례〉를 확인할 수 있다.

열한 번째,
"1개월 치 보험료를 대신 내드리겠습니다."

보험설계사는 고객과 보험가입을 전제로 거래(딜)를 할 수 없으며 할 생각을 해서도 안 된다. 발각 시에는 영업정지 또는 설계사자격 박탈될 수 있으며, 사회적으로도 큰 물의를 일으킬 수 있는 중범죄이기 때문이다.

보험가입자 입장에서는 '어차피 가입할 보험인데 보험료 1개월 치 받고 가입하면 나한테 더 좋은 거 아니야?' 생각할 수도 있겠지만 이는 절대로 올바른 생각이 아니다. 득보다는 실이 많을 수밖에 없는 것이 바로 보험료 대납이기 때문이다.

모든 설계사들이 그런 것은 아니지만 일부 꼼수 설계사들은 그저 계약 한 건을 더 올리기 위해, 그리고 본인한테 수당이 더 많이 지급되는 상품을 판매하기 위해 무리해서 보험에 가입할 고객들을 유치하려고 한다. 만약, 제대로 설계가 된 보험(여기서 말하는 제대로 된 보험은 충분한 상담을 통해 가입을 희망하는 사람 본인의 상황에 맞는 보험)을 보험료 대납을 조건으로 제시하면서 가입을 권유한다면? 보험업계의 정의를 위해서는 그래선 안 되겠지만 가입자 입장에서는 나쁘지는 않다. 1개월 치 보험료를 아낄 수 있으니까.

그러나 꼼수보험설계사들이 누구인가? 그들은 절대 손해를 보는 보험장사를 하지 않는다. 1개월 치 보험료를 대납해줘도 부족함이 없을 정도의 수당이 지급되도록 설계하여 고객에게 보험료 대납을 미끼로 보험가입을 권유하는 경우가 대부분이다. 또한 이런 식의 보험료 대납을 조건으로 내거는 설계사들은 결코 오래 일하지 못하고 보험회사를 이리저리 옮겨 다니는 철새설계사가 되거나, 2년도 안 되어서 보험 일을 그만두고 다른 일을 하는 경우가 허다하다. 그에 따라 고객관리가 제대로 될 수 없음은 당연한 결과이며 고객관리를 받지 못해 받을 수 있는 보험금을 못 받거나, 정상적으로 보험료가 납입되면서 유지 중인 줄 알았던 보험이 알고 보니 보험료가 이체되지 않아 보험효력이 사라진 실효상태가 되어 보험혜택을 받지 못하는 경우도 왕왕 발생하고 있다.

이러한 '꼼수보험'은 보험이 필요할 때 제대로 보험혜택을 받지 못하거나, 동일한 보장금액이라 할지라도 다른 사람에 비해 보험료가 더 비싸거나, 살아있을 때보다는 죽거나 죽을 지경이 되어야만 제대로 도움을 받을 수 있는 보험이 될 위험성이 높다.

따라서 보험료는 결코 지나치게 비싸거나 저렴해선 안 된다. 어디까지나 자신이 부담이 되지 않는 선(월 소득의 8~9%)에서, 충분한 상담을 통해 자기에게 맞는 보장내용을 구성하여 보험에 가입할 때 보험의 진정한 가치를 인정받을 수 있다.

보험은 결코 거래의 대상이 되어서는 안 된다.

우측의 QR코드를 스캔하면 열한 번째 수법에 관련된 문제점에 관한 인터넷 기사를 확인할 수 있다.

열두 번째,
"사망보험금은 최소 1억은 있어야죠."

이미 언급한 바 있지만, 보통 보험상품의 보험료 중 가장 큰 비중을 차지하는 것이 사망보험금이다. 사망보험금의 보장금액이 크면 클수록, 보험기간이 길면 길수록 보험료는 비싸지고, 설계사에게 지급되는 수당도 많아진다.

물론 가장이 사망할 경우 자녀들의 양육비(교육비 등)와 남겨진 가족들의 생활비를 무시할 수 없기에 '1억원 필요하다'는 설계사들의 말이 아예 틀린 것은 아니다. 대학등록금까지 생각한다면 1억원이 아니라 2억원, 3억원 이상이 필요할 수도 있고, 부동산과 같은 재산이 많은 경우 상속세 등을 고려하여 일부러 큰 금액의 사망보험금에 가입하기도 한다.

방금 언급한 경우는 어디까지나 가입자가 사망보험금의 필요성에 대해 충분히 인지하고 있는 상태에서 가입한 경우이고, 꼼수 설계사들은 위와 같은 필요성은 제대로 알리지 않은 채 그냥 단순하게 종신토록 1억 이상이라는 금액만을 강조한다.

사망보험금은 적거나 많다고 무조건 좋은 게 아니라, 필요한 시기까지 충분한 보장을 받을 수 있도록 설계하여 가입해야 불필요한 보험료 낭비를 막으면서 사망보험금 외의 보장(수술비, 입원비, 암, 성인병 등)에도 신경을 쓸 수 있다.

자녀 양육비를 예로 들자면, 자녀들이 성인이 되는 시기(평균적으로 가입자의 나이 60세)까지만 사망보험금이 충분히 보장되도록 설계하고 그 이후에는 최소 사후정리자금(3,000만원~5,000만원) 정도만 보장되도록 설계하는 것이 좋다(설계사별로 차이는 있지만 나는 그러하다). 20세, 24세가 넘은 자녀들에게까지 양육비를 남겨주기 위해 매월 20만원이 넘는 보험료를 낼 필요가 있을까? 오히려 자식들 간에 재산싸움 발생 여지만 남기는 셈이 된다.

또한 60세 전에 죽을 위험도 생각해야 하지만 그렇지 않은 경우도 충분히 고려해야 한다(60세까지 1억 보장되고 그 이후에는 사후정리자금 정도만 보장받는 경우와 종신토록 1억이 보장되는 경우의 월 보험료를 비교하면 최소 6~7만원 이상 차이가 발생한다).

보험에 가입할 당시에는 경제적으로 문제가 없기 때문에 비싼 보험료가 문제가 안 될 수도 있지만, 경제적으로 어려움이 닥친다면? 가장 먼저 생각하는 것이 보험해지이다. 보험은 중간에 해지하거나 부분해약을 할 경우 가입자에게 손해가 발생할 수밖에 없다. 급한 불부터 끄고 다음에 다시 가입한다? 시간이 흐른 만큼 가입자의 연령증가에 따른 기본보험료는 당연히 상승할 수밖에 없고, 이에 따라 납입하는 총 보험료도 증가할 수밖에 없다.

보험설계사들은 누구나 수당에 민감하다. 누군가 주계약 사망보험금 1억, 2억 등의 계약을 따내기라도 할 때는 부러움의 시선으로 바라보는 것이 일상이다. 하지만 가입자의 상황을 고려하지 않은 채 무분별하게 가입시킨 '꼼수보험'이라면 그 미래는 뻔하다. 얼마 안 가 보험은 해지 될 확률이 높고, 그때쯤이면 보험설계사는 수당만 다 챙긴 뒤 다른 보험사로 옮기거나 보험업계를 떠나는 게 보통이다. 가입 초기에 보험계약이 해지될 경우 보험설계사는 지급받은 수당의 상당수를 환수당하는데 단순히 돈만 뱉어내는 것이 아니라 계약유지율이라는 것이 무너져버려 오래 일을 할 수 없게 되는 설계사들도 많다.

어떤 보험에 가입하든 '이 보험은 내 상황에 맞는 보험인가?'라는 생각을 반드시 해야 한다. 보험설계사의 말만 100% 확신하지 말고 충분한 상담을 통해 설명을 듣고 신중하게 선택해야 한다. 한 번의 선택이 당신과 당신 보험의 미래를 좌우할 수 있다.

우측의 QR코드를 스캔하면 열두 번째 수법에 관련된 실제 〈꼼수보험 상담사례〉를 확인할 수 있다.

열세 번째,
"갱신형 실비보험은 20년만 보험료 납입하면 됩니다."

일부 꼼수부리는 설계사들은 고객과의 상담시 보험을 유지하는 동안 보험료를 계속 납입해야 보험혜택 받을 수 있다는 갱신형 보험의 단점을 숨긴 채 상품을 판매한다.

그러면서 얘기한다.

"20년만 보험료 내면 더 이상 내지 않아도 됩니다"

이게 맞는 말일까? 당연히 틀린 말이다. 갱신형 보험, 그중에서도 갱신형 실비보험(실손의료비보험)은 보험을 유지하는 동안에는 보험료를 계속 납입해야만 보험혜택을 받을 수 있다.

실비보험료 20년 납입이라고 설명하는 꼼수 설계사들은 일반 가입자들의 보험에 대한 지식 부족을 교묘하게 활용하여 갱신형 보험에 가입시키고 있다. 마치 마술사들의 화려한 손기술에 사람들이 속아 넘어가는 것과 마찬가지이다.

건강체할인	할인보험료 : 179,706원	할인효과 : 499원(0.3%)	총 예상 할인금액 : 119,760원

계약사항

구 분	가입금액(만원)	보험기간	납입기간	보험료(원)
주계약	5,000	종신	20년납	109,500
여성보장특약II	1,000	종신	20년납	3,100
교보CI납입면제특약II (2형)	4	20년만기	20년납	1,065
두번째CI보장특약(갱신형)VI(최초계약)	3,000	3년갱신	3년(최대 100세)	2,820
교보암진단특약(갱신형)VIII[최초계약]	1,000	3년갱신	3년(최대 100세)	1,300
교보CI추가보장관련특약(뇌)	1,000	100세만기	20년납	9,580
교보CI추가보장관련특약(심장및장기)	1,000	100세만기	20년납	1,220
재해사망특약	5,000	100세만기	20년납	4,950
재해상해특약(1형)	2,500	80세만기	20년납	1,300
재해장해연금특약(2형)	2,500	80세만기	20년납	600
재해치료비특약[1형]	1,000	80세만기	20년납	2,700
건강치료특약	1,000	80세만기	20년납	9,600
교보수술특약(갱신형)VII(1형)	1,000	3년갱신	3년(최대 80세)	2,900
입원특약II	3,000	80세만기	20년납	17,400
암직접치료입원특약II	1,000	80세만기	20년납	3,380
2대질병수술특약(갱신형) 1형	1,000	3년갱신	3년(최대 80세)	50
교보암수술특약(갱신형)1형	1,000	3년갱신	3년(최대 80세)	670
응급실내원특약(갱신형) 1형	1,000	3년갱신	3년(최대 80세)	1,100
기본형실손의료비특약(갱신형)질병통원(선택형 II)	5,000	1년갱신	1년(최대 100세)	3,480
기본형실손의료비특약(갱신형)상해통원(선택형 II)	5,000	1년갱신	1년(최대 100세)	190
비급여도수・체외충격파・증식치료실손의료비특약(갱신형)	350	1년갱신	1년(최대 100세)	1,320
비급여주사료실손의료비특약(갱신형)	250	1년갱신	1년(최대 100세)	570
비급여자기공명영상진단실손의료비특약(갱신형)	300	1년갱신	1년(최대 100세)	1,410

20년이라는 납입기간이 적용되는 것은 '20년납'이라고 표기되어 있는 주보험 및 일부 특약들에 한해서이며, 갱신형 실손의료비(실비)특약의 경우에는 사진 하단부 점선 박스 표시된 부분처럼 '1년(최대 100세)', 즉 1년마다 보험료가 갱신되며, 갱신보험료를 납입기간 20년 이후에도 100세까지 계속 납입할 경우에만 실비보험 혜택을 받을 수 있다는 것이다.

다시 말하자면 가입일로부터 20년 동안은 20년납으로 표시되어있는 기본계약 및 특약들, 그리고 3년 및 1년마다 갱신되는 갱신형 실손의료비 특약보험료를 함께 납입하는 것이고, 20년 뒤에는 20년납 기본계약 및 특약부분의 경우 납입기간이 종료되었으므로 더 이상 보험료를 내지 않아도 100세까지 정해진 보험혜택을 받을 수 있다. 하지만 1년납 또는 3년납으로 적혀있는 갱신형 특약은 보험료를 계속 납입해야만 보험혜택을 받을 수 있다. 100세까지 보험혜택을 받기 위해서는 100세까지 보험료를 계속 납입해야 하는데, 갱신보험료 인상 문제가 많이 대두되고 있는 현재까지의 상황으로 미루어보아도 100세까지 갱신되는 실비보험료를 낼 수 있는 사람은 재벌들 외에는 없을 것이다.

위와 같은 문제는 비단 갱신형 실비보험만의 문제는 아니다. 갱신형 특약이 포함된 생명보험이나 화재보험·손해보험상품의 경우에도 적용되는 문제점이다.

○ 보험가입조건 및 주계약 · 특약보험료 (납입주기 : 월납)

상품명	상품코드	피보험자	보험가입금액(구좌)	보험기간	납입기간	보험료
용감한 오렌지 종신보험 (무배당, 저해지환급형)	12675		10,000만원	종신	20년납	164,900원
(무) 재해상해특약II	00473		10,000만원(10구좌)	80세만기	20년납	12,100원
(무) 뇌출혈진단특약 (갱신형)	00448		1,000만원(1구좌)	5년	5년납(최대80세)	400원
(무) 급성심근경색증진단특약 (갱신형)	00449		1,000만원(1구좌)	5년	5년납(최대80세)	240원
(무) 입원특약III (갱신형)	00467		5,000만원(5구좌)	5년	5년납(최대80세)	9,000원
(무) 암진단특약IV (갱신형)	00470		500만원(1구좌)	5년	5년납(최대80세)	1,100원
(무) 안심암치료특약 (갱신형)	00463		2,000만원(2구좌)	5년	5년납(최대80세)	1,200원
(무) 수술특약VI (갱신형)	00497		2,000만원(2구좌)	5년	5년납(최대80세)	5,200원
(무) 장기간병특약II (갱신형)	00450		2,000만원(2구좌)	5년	5년납(최대80세)	80원
(무) 고도장해특약	00468		10,000만원(10구좌)	종신	20년납	13,000원
할인전 1회 보험료(계)						212,320원
할인후 1회 보험료(계)						207,220원

수술비, 입원비 관련 특약을 모두 5년 갱신형으로 판매하고 있는 외국계 I생명의 경우에도 5년납 5년만기로 표시되어 있는 갱신형 특약보험료는 최소 80세까지 계속 납입을 해야 하며, 일부 특이한 경우(CI보험금 지급사유 발생 또는 동일원인으로 50% 이상의 장해 판정을 받을 경우)를 제외하고는 갱신형 특약보험료는 80세까지 반드시 납입을 해야만 보험혜택을 받을 수 있으며, 갱신형 실비보험 특약의 경우에는 보험료 납입면제와 상관없이 보험료를 계속 납입해야 한다. 그리고 해지환급금을 연금으로 전환하여 사용하는 경우에도 보험료 납입면제 사유가 발생하지 않는 이상은 5년마다 갱신되는 보험료를 연금을 받는 동안에도 80세까지 계속 납입해야만 보험혜택을 받을 수 있다.

'갱신형이라도 20년만 납입하면 된다'는 꼼수 설계사의 말만 믿고 보험 가입했다가 뒤통수 맞는 사람들이 많다. 이 책임은 누가 져야 할까? 보험에 가입시킨 설계사가 보험회사를 옮겼거나 이미 보험업계를 떠난 경우 이 책임은 고스란히 가입자에게 돌아가며, 설계사가 근무하고 있다고 하더라도 확실한 증거(설계사가 20년만 보험료 내면 된다고 표시한 상담자료나 기타 자료)가 없는 경우라면 이 책임 또한 가입자가 고스란히 질 수밖에 없다.

이러한 보험피해를 막기 위해서는 우선 설계사들이 올바른 방법으로 양심적인 상담을 진행해야 하는 것이 우선이지만, 가입자의 경우에도 기본적인 보험에 대한 지식(갱신형, 비갱신형 차이 등) 정도는 알고 있어야 꼼수 설계사들에게 휘둘리지 않고 보험에 가입할 수 있다.

보험은 한 번 가입으로 오래 유지해야 하는 장기상품이며, 중간에 해지하지 않고 오래 유지할 수 있어야만 좋은 보험이라고 할 수 있다.

우측의 QR코드를 스캔하면 열세 번째 수법에 관련된 실제 〈꼼수보험 상담사례〉를 확인할 수 있다.

열네 번째,
"갱신형 보험이긴 하지만 갱신되어도 보험료가 크게 오르지 않는다."

제대로 된 설명이 생략된 채 가입한 갱신형 보험의 위험성에 대해서는 여러 번 강조해도 부족함이 없다. 그만큼 중요하기 때문이다.

일부 꼼수보험설계사들은 갱신형 보험에 대해 고객들이 가지고 있는 불안감을 해소시키기 위해 책임지지도 못할 말을 하곤 한다.

"보험료가 갱신되어도 얼마 안 오를 거예요. 의학기술 발달하면서 암이 사전에 많이 발견되는 등 질병 발생률이 낮아지고 있으니까 보험료도 크게 오르지 않을 겁니다."

실제로 얼마 전에는 타 보험사 설계사가 암발생률 관련 사진을 제시하며 13년도부터 암발견률 및 환자 수가 줄고 있기 때문에 갱신형 보험의 보험료가 크게 오르는 것은 아니라고 얘기를 한 적도 있다.

모든 암 발생 현황

2014년 모든 암의 조발생률은 인구 10만 명당 427.6명(남자 444.9명, 여자 410.3명)이었으며, 2000년 주민등록연앙인구로 보정한 연령표준화발생률은 인구 10만 명당 289.1명(남자 312.4명, 여자 282.9명)이었다.

암발생자수, 조발생률, 연령표준화발생률: 1999-2014
(단위: 명, 명/10만명)

구분	성	1999년	...	2004년	...	2008년	2009년	2010년	2011년	2012년	2013년	2014년
발생자수	남녀 전체	101,032	...	134,557	...	182,263	196,046	207,450	221,503	226,952	227,188	217,057
	남자	57,594	...	73,773	...	94,757	100,919	105,685	105,852	113,667	114,639	112,882
	여자	43,438	...	60,784	...	87,506	95,127	101,765	109,651	113,285	112,549	104,175
조 발생률	남녀 전체	214.2	...	277.5	...	368.9	394.8	415.9	442.0	450.8	449.4	427.6
	남자	243.2	...	303.4	...	382.7	405.7	423.1	445.9	451.3	453.4	444.9
	여자	185.0	...	251.5	...	355.0	383.9	408.7	438.1	450.3	445.3	410.3
연령 표준화 발생률*	남녀 전체	219.9	...	246.8	...	292.3	304.8	312.9	324.9	323.3	314.1	289.1
	남자	291.9	...	306.9	...	333.4	340.6	342.3	342.3	341.1	330.7	312.4
	여자	173.3	...	210.6	...	274.3	291.2	304.9	321.8	325.4	315.9	282.9

*** 우리 나라 2000년 주민등록연앙인구를 표준인구로 사용**

[그림 17] 암 발생현황표

그 설계사의 주장이 틀린 말은 아니다. 암 발생현황표를 보더라도 최근 들어 암발생률의 증가 폭이 둔화된 것을 확인할 수 있기 때문이다. 하지만 암발생률이 낮아진다는 것은 암이 발생하지 않는다는 의미가 절대 아니다. 의학기술의 발달에 따라 암 이전 단계에 조기 발견하여 치료하는 경우가 많아지고는 있지만, 암이 전혀 발생하지 않는다는 것은 아니라는 것이다. 단순히 암 발생률의 증가 폭이 둔화되고 있다 정도로만 이해해야 한다. 그리고 암발생률 증가 폭이 크건 작건 보험료를 계속 납입해야 한다는 사실은 변함이 없다.

암 발생률이 낮아지고 있고 그에 따라 위험률이 낮아지기 때문에 앞으로 갱신보험료가 크게 오르지 않을 것이므로 암보험을 갱신형으로 가입해도 된다? 보험사가 보험료를 갱신하는 이유 중에는 특정 질병의 위험률도 포함되지만, 그보다는 과거에 판매된 상품들의 보험금 지출이 예상되므로 보험사의 손해율을 만회하기 위해서 갱신하는 것도 큰 이유가 된다.

암보험을 예로 들면 경계성종양, 제자리암 등은 가입금액에 따라 과거에는 2,000만원 지급되는 식이었지만, 지금 현재에는 소액치료비암으로 분류가 되어 200~300만원 정도만 보험금이 지급된다. 100명이 옛날의 암보험상품에 가입했다면 그들이 경계성종양이나 제자리암에 걸릴 경우 가입자들에게 2,000만원씩을 지급해야 하는데 현재의 기준으로 보면 보험사에 엄청난 부담이 될 수밖에 없다. 보험사는 많은 고객이 보험금을 한꺼번에 받더라도 보험회사 경영에 문제가 없도록 일정 수준 이상으로 보험금지급여력 비율을 유지해야 하는데, 과거 암보험상품에 가입한 사람들은 암에 걸릴 가능성은 물론, 암보험금을 청구할 가능성 또한 갖고 있다. 그러므로 해당 상황이 발생하면 보험금을 지급해야만 하는 보험사로서는 손해율이 나빠질 것이 뻔하고, 그에 따라 합법적으로 손해를 만회하기 위해 갱신형 보험을 판매하고 있는 것이다.

단순히 질병의 발생률이 낮아지고 있기 때문에 보험료가 크게 오르지 않는다? 다시 한번 강조하지만 낮아지고 있을 뿐이지 아예 발생하지 않는다는 것은 아니다. 언급했듯 과거에 판매된 보험들로 인한 손해를 만회하기 위해서라도 질병 관련된 보험은 갱신시 보험료가 오를 확률이 훨씬 더 높을 수밖에 없다.

갱신형 보험은 또 특성상 보험혜택을 받기 위해서는 보험료를 계속해서 납입해야만 하는데, 열심히 경제활동을 하는 4~50대까지는 보험료가 갱신, 인상되어도 보험이 필요하다고 생각되면 충분히 납입할 수 있다. 하지만 60세가 넘어 더 이상 일을 하지 않을 경우에는 일정 주기마다 인상되는 보험료를 계속해서 납부하기가 결코 쉽지 않다. 만약 보험이 필요한 나이가 되었는데, 나이가 들수록 점점 보험료가 비싸게 인상된다면? 은퇴 이후에도 보험혜택을 받기 위해, 보험료를 납입하기 위해 허드렛일이라도 해야 할 수밖에 없을 것이다.

보험가입자는 갱신형 보험으로 가입하는 것이 더 유리할 경우(실비보험, 사망보험금이 보장되는 정기보험 등)에는 갱신형으로, 비갱신형이 더 유리할 경우(질병 관련된 보험, 수술비, 입원비 등이 보장되는 정액형 보험 등)에는 비갱신형으로 가입하는 선택을 할 수 있으며, 이 부분에 대해 보험설계사는 반드시 장단점을 예로 들어 가며 자세히 설명해야 한다.

보험가입자의 선택할 수 있는 권리를 제대로 설명하지 않는 설계사? 그가 바로 '꼼수보험설계사'이다!

우측의 QR코드를 스캔하면 열네 번째 수법에 관련된 실제 〈꼼수보험 상담사례〉를 확인할 수 있다.

열다섯 번째,
"보험 견적을 내기 위해서는 주민등록번호를 알려주셔야 합니다."

개인정보보호에 관련하여 많은 문제가 일어나는 요즘, 보험상담 시 민감할 수밖에 없는 부분이 바로 주민등록번호와 같은 개인정보의 공개 범위이다. 이미 많은 곳에서 주민등록번호를 요청하거나 제공하는 것을 금지하고 있으며, 보험회사들도 정부의 방침에 맞는 회사규정을 만들어서 지키고 있다.

보험견적을 받으려면 주민등록번호 전체가 다 필요한 거 아닌가 생각할 수도 있고, 실제로 많은 보험설계사들이 첫 상담 또는 그 이전부터 상담대상자에게 주민등록번호를 요청한다. 주민번호는 완벽하게 보험가입을 결정한 것이 아니라면 굳이 전체를 알려줄 필요는 없다.

보험설계사 입장에서는 첫 상담부터 고객의 신상을 완벽히 파악하면 상담을 진행하는 데 수월하다. 하지만 일부 꼼수 설계사들은 고객으로부터 제공받은 개인정보가 반영된 가입설계서나 기타 보험가입 관련 서류를 사무실 책 상위에 그대로 방치하거나 잠금장치를 하지 않은 서랍에 넣어 보관하기도 한다. 계약이 이루어진다면 고객과 관련된 서류는 설계사가 안전한 곳에 잠금장치를 하여 보관하거나(고객 관련 정보는 서류로 보관할 수 없도록 개인정보보호법 강화) 파쇄하겠지만, 계약이 이루어지지 않은 경우에는 파쇄 등에 신경을 쓰지 않고 그냥 대충 손으로 찢어 쓰레기통에 버리기도 한다.

완벽하게 파쇄되지 않은 보험 관련 서류에는 주민등록번호나 이름, 주소, 전화번호 등이 그대로 노출되어 있으므로 철저하게 관리되어야 하는데 그렇지 않은 경우가 많다. 보험사별로 이와 같은 일을 방지하기 위해 주기적으로 불시에 지점 및 사무실에 방문하여 설계사들을 대상으로 책상 점검 및 캠페인을 벌이고 있으며 심할 경우 징계처리를 하기도 하지만, 아직도 제대로 고객들의 개인정보를 제대로 관리하지 않는 설계사들이 많다.

보험상품의 견적을 내는 데에는 주민등록번호 전부가 필요하지는 않다(회사별로 다를 수는 있겠지만 대부분의 보험사들은 생년월일 정도만 알아도 가설계가 가능) 이름, 생년월일과 성별 정도만 확인이 되면 충분히 견적을 낼 수 있으며, 최종적으로 가입을 결심한 뒤에 온전한 개인정보를 설계사에게 제공하여도 된다.

일부 설계사들은 '고객이 5년 이내에 보험금 지급받았는지 여부를 조회하고 가입가능 여부를 알려면 주민등록번호가 전부 필요하다'고 얘기하지만, 노련한 설계사라면 주민등록번호를 입력하는 방법으로 조회하여 조회기록을 남기기보다는, 가입심사팀 또는 계약심사팀(회사별로 명칭은 다름)에 전화로 '이러이러한 치료력이 있는데 가입 가능하냐'고 물어보는 것만으로도 이를 파악할 수 있다.

설계사가 충분히 신뢰할 만하고, 믿음이 간다면 고객의 동의하에 미리 개인정보를 제공하여도 무관하나 무슨 일이든 조심하고 신중한 게 좋다. 개인정보는 더더욱….

우측의 QR코드를 스캔하면 열다섯 번째 수법에 관련된 인터넷 기사 내용을 확인할 수 있다.

열여섯 번째,
"갱신형 보험이 비갱신형 보험보다 보험료 부담이 적습니다."

갱신형 보험을 판매하는 설계사들은 갱신형 보험과 비갱신형 보험의 장단점을 제대로 고객에게 설명해야 하며, 어느 한쪽에 유리한 부분만 강조해선 안 된다. 고객에게 온전히 선택할 수 있는 권리를 제공해야 한다.

모든 설계사가 그런 것은 아니지만, 일부 갱신형 보험 판매에 급급한 꼼수보험설계사들은 갱신형 보험의 일부 장점만을 지나치게 부각해 설명하는 경우가 많은데 비갱신형 보험과의 보험료 차이가 대표적이다. 갱신형 보험과 비갱신형 보험의 월 보험료를 비교하면 똑같은 보장금액이더라도 갱신형 보험의 월 보험료가 더 저렴할 수 밖에 없는데 이는 보험료 산정방식의 차이일 뿐이다.

비갱신형 보험의 경우 고객이 보험에 가입한 뒤 발생할 수 있는 질병·사고로 인한 사망, 수술, 입원 등의 다양한 위험성을 가입시점의 보험금지급 및 발생률 통계를 기준으로 미리 계산하여 정해진

기간 납입하는 보험료를 책정하게 되고, 납입기간 이후에는 정해진 보험기간까지 보험혜택만 그대로 받으면 된다.

하지만 갱신형 보험의 경우 다양한 위험성을 미리 계산하는 것이 아니라 일정한 갱신주기(1년, 3년, 5년, 10년 등)를 기준으로 계산하기 때문에 갱신주기별로 보험료를 다시 산정하며, 갱신시점의 위험률 변동 등에 의해 보험료 인상 폭이 그때마다 결정되고, 갱신시마다 변경되는 보험료를 보험만기(80세, 100세 등)까지 계속 납입해야만 보험혜택을 받을 수 있다.

따라서 보험가입 후 단기적으로는 '갱신형 보험의 월 보험료가 더 저렴하니 더 좋은 거 아닌가'라고 생각할 수도 있겠지만, 갱신형 보험의 경우 가입 초기에는 보험료가 저렴하더라도 보험료를 길게 납입해야 하고, 보험금 청구 확률이 높아지는 나이대(50~60대 이상)로 접어들수록 보험회사는 높은 위험률을 적용하여 보험료를 비싸게 인상시킨다는 점에서, 오래 유지할수록 비갱신형 보험보다 더 많은 보험료를 납입할 수밖에 없다.

그에 비해 비갱신형 보험은 정해진 기간 미리 계산된 위험률을 적용한 보험료만 납입하면 되고, 납입기간이 종료되면 보험만기(80세, 100세, 종신)때까지 보험혜택만 받으면 된다는 점, 경제활동을 하지 않는 나이가 되어서도 보험료 부담 없이 필요할 때 보험혜택을 받을 수 있다는 점에서 갱신형 보험보다 유리하다고 할 수 있다.

단, 이러한 갱신형, 비갱신형 보험가입의 선택은 두 보험의 장단점에 대해 충분히 이해한 뒤 가입자가 해야 하며, 보험설계사는 이러한 선택의 권리를 제공하기 위해 제대로 된 설명을 해야 하는데, 이를 지키지 않는 설계사들로 인해 문제가 되는 실정이다.

갱신형으로밖에 가입할 수 없는 실손의료비보험(실비보험)은 갱신형으로, 그 외의 보험들은 갱신형, 비갱신형의 장단점과 가입자 본인의 상황 및 가족력 등을 종합적으로 고려하여 선택해야 보험으로 인한 피해를 보지 않을 수 있다.

우측의 QR코드를 스캔하면 열여섯 번째 수법에 관련된 실제 〈꼼수보험 상담사례〉를 확인할 수 있다.

열일곱 번째,
"고객님의 새로운 담당자로 지정된 OOO설계사입니다. 조만간 찾아뵙고 기존 보험내용 다시 설명드리겠습니다."

평소에 특별한 연락도 없고 별다른 관리도 안 해주던 설계사인데 막상 없어지면 보험금 청구나 보험료 연체 등의 관리를 모두 계약자 본인이 해야 하기 때문에 이를 대신해 줄 보험계약 담당자는 반드시 필요하다. 물론 가입 당시의 설계사가 오랫동안 일을 한다면 고객은 더 바랄 게 없다.

하지만 2년 이내 이직률이 80%에 육박하는 보험업계의 특성 아닌 특성상 누구나 한번쯤은 가입한 보험의 계약 담당설계사가 변경된 경험이 있을 것이다. 보험회사에서는 보험설계사가 그만두면 그동안 관리하던 가입고객들을 우선 회사 차원에서 관리를 하는데 이를 보험용어로 고아계약(Orphan contract)이라고 한다. 회사는 일정 조건(매월 얼마 이상의 계약체결 등)을 충족하는 설계사들에게 고아계약을 맡아서 관리하라고 통보하는데, 설계사 입장에서는 아무래도 본인에게 도움이 될 만한 고아계약을 골라서 이관받으려고 한다.

최종적으로 고아계약 분배가 완료되면 고아계약을 이관받은 설계사들은 해당 고객에게 전화 또는 문자 등의 수단을 활용하여 다음과 같은 메시지를 전달한다.

"OOO님 담당하던 OOO씨가 퇴사한 관계로 새로운 관리자로 지정된 OOO입니다. 가까운 시일 내에 찾아뵙고 기존 보험계약내용 설명드리려 하는데 괜찮으시죠?"

이는 모범적인 설계사이건 불량한 설계사이건 공통적으로 행하는 정상적인 업무 프로세스이며, 고객의 입장에서는 전혀 손해 볼 것이 없다. 아무래도 관리자가 없는 것보다는 있는 것이 훨씬 좋으니까.

문제는 일부 꼼수보험설계사들이 기존 계약 내용을 설명한다는 것을 빌미로 굳이 추가하거나 바꾸지 않아도 될 정도로 제대로 가입되어 있는 보험을 새로운 상품으로 변경할 것을 권하는 일이 발생한다는 점이다. 설계사 입장에서는 고아계약을 이관받는다 하더라도 본인에게 수당은 물론, 최소한의 교통비조차 지원되지 않기 때문에 시간을 두고 고객관리를 제대로 하면서 고객에게 필요한 보험상품이 발생할 경우 추가로 가입을 권한다면 이를 탓할 수는 없다. 하지만, 만약 기존보험의 내용을 제대로 분석 또는 이해하지도 않은 채 무조건 새로 출시된 상품이 더 좋으니까 변경하는 게 좋다는 식으로 설명한다면 이는 꼼수 그 이상도 이하도 아니다.

앞에서도 언급했지만 제대로 설명 듣고 가입한 과거 보험상품의 경우 보장금액이나 보험료 적인 측면에서 새로 나온 상품보다 뛰어나다. 일부 과거 상품의 경우 보험기간이 60세나 70세 정도로 짧다는 단점은 있을 수 있지만, 보장금액은 결코 뒤지지 않으므로 무조건 보험을 갈아타서는 안 된다. 이뿐만 아니라, 납입기간 이내에 해지를 하거나 부분해지를 하는 경우에는 금전적인 손해가 발생하는데, 이는 저축성 상품보다는 보장성 상품에서 더 크게 발생한다.

사실이 이런데도 꼼수보험설계사는 이러한 사실을 대수롭지 않게 여기고 그저 새로운 보험계약 체결을 통해 수당 지급받는 것만을 목적으로 일을 한다.

보험계약 변경 및 해지는 절대로 쉽게 결정해서는 안 된다. 보장내용을 객관적으로 분석하고 설명해야 하며, 문제점이 있을 경우에만 보완하거나 새로운 상품으로의 변경을 권해야 한다. 또한 금전적인 손해도 최소화하는 방법도 강구해야 한다.

새로운 계약 담당자가 찾아와 기존 계약의 문제점을 설명하며 새로운 보험으로 갈아 탈것을 권한다면 우선은 거절한 뒤, 시간을 두고 믿을 수 있는 설계사인지 판단한 뒤 결정하기 바란다. 새로 배정된 담당자도 언제 그만둘지 모르니까.

우측의 QR코드를 스캔하면 열일곱 번째 수법에 관련된 실제 〈꼼수보험 상담사례〉를 확인할 수 있다.

열여덟 번째,
"더 좋은 서비스를 제공하고자 보험회사를 옮겼습니다. 조만간 찾아뵙겠습니다."

2년 이내 이직률 및 그만둘 확률이 타 업종에 비해 월등히 높은 보험업계의 특성은 이미 언급했다. 이유 없는 무덤이 어디 있을까마는, 보험설계사들이 보험회사를 옮기는 이유는 크게 3가지이다.

원래 보험회사에서 더 이상 지급받을 잔여수당이 남지 않았을 때
영업이 잘되지 않아서 돌파구를 마련하고자 할 때
개인적인 발전(팀장이 되어 팀을 꾸리거나 보험 대리점을 내는 경우 등)을 위해

위 세 가지 이유 중 1번과 2번은 보험설계사 입장에서는 고객에게 밝히고 싶지는 않은 부분이다. 원소속사에서 일이 잘되고 그에 따라 잔여수당이 계속 늘어나고, 계약 유지율도 좋아서 유지율보너스 등의 부가적인 수당이 계속 지급된다면 신이 나서 원래 회사에서 계속 보험 일을 하는 게 당연하다. 그렇지 않은 경우에는 1, 2번 항목처럼 무언가 환경에 변화를 주어 새로운 마음으로 다시 하

면 잘되지 않을까 하는 생각을 하게 마련이다.

물론, 그러한 점이 잘못되었다는 것은 절대 아니다. 최소한 그런 설계사들은 보험영업이 가지고 있는 장점에 매료되어 어떻게 해서든 보험영업을 하는 데까지는 해보고자 하는 것이니까.

하지만 일부 꼼수보험설계사들은 보험회사를 옮긴 뒤 기존에 관리하던 고객들에게 더 좋은 서비스 제공이라는 핑계를 대며 자신이 설계해서 가입시켰던 기존 보험계약을 해지시키고 본인이 새로 들어간 보험회사의 상품을 새로 가입시키는 일을 하고 있다. 심지어는 본인이 설계한 기존 보험이 정말 잘못된 보험이라고 시인 아닌 시인(?), 뜬금없는 자기반성 및 자아비판을 하며 다른 보험으로의 재가입을 권유하기도 하는 실정이다. 수당을 위해서!

누차 강조하지만 정말 엉망으로 설계된 쓰레기 같은 보험이 아닌 이상은 기존 보험이 새로 나온 보험보다 보험료, 보장범위, 보장내용 측면에서 더 좋다. 생명보험과 화재보험상품의 기본적인 차이점도 있지만, 생명보험이나 손해보험·화재보험이나 구관이 명관이라는 표현이 맞음은 변명할 여지가 없는 사실이다.

기존 담당설계사가 다른 보험회사로 이직했고, 내 보험계약 관리도 제대로 안 될 것 같은데 그 설계사가 자신이 새로 입사한 보험회사의 상품이 더 좋다고 설명하며 갈아타라고 한다면 고객의 입장에서는 기분이 불편하기도 하고 어떻게 해야 하나 고민되기도 한다. 하지만 이미 가입한 지 2~3년 이상이 지난 보험이고, 새로운 담당자도 지정되어 관리가 되고 있다면 굳이 다른 보험사의 상품으로 변경할 이유는 전혀 없다. 그런 식으로 보험회사 옮겨 다니면서 기존 고객에게 새로운 보험가입을 권유하는 설계사라면 얼마 못가 다시 보험회사를 옮기거나 아예 보험 일을 그만둘 확률이 높다.

개인적인 생각으로는 만약 보험회사를 떠나 보험대리점을 만들어 스스로 독립하려는 설계사라면, 최소한 원래 보험사에서 5년 이상은 꾸준하게 근무해야 고객관리 노하우라든지, 그동안 습득한 다른 회사 보험상품에 대한 풍부한 지식 등을 활용한 상품 비교 등의 능력도 갖출 수 있다. 그렇지 않고 보험경력 5년 미만인 사람이 보험대리점을 만들어 독립할 경우에는 그저 더 많은 돈을 벌기 위한 수단이라고밖에는 보이지 않는다.

다시 한번 강조하지만, 어떤 경우에라도 기존 보험을 해지하고 새로 보험에 가입하는 것은 신중에 신중을 기해야 한다. 보험 가입하는 이유가 나를 위한 것인지 보험설계사를 위한 것인지를 잘 생각한다면 신중해질 수밖에 없을 것이다.

우측의 QR코드를 스캔하면 열여덟 번째 수법에 관련된 실제 〈꼼수보험 상담사례〉를 확인할 수 있다.

열아홉 번째,
"젊어서 돈 없는 것보다 나이 들어 돈 없는 게 더 서러운 법입니다."

노후대비를 하면서 종신보험, 실비보험, 암보험 등의 보장성보험만큼이나 중요한 것이 바로 연금 및 저축보험이다. 보장성보험은 젊을 때부터 은퇴 이후 사망할 때까지 발생할 수 있는 각종 질병·사고 위험으로부터 치료비 등의 도움을 받을 수 있는 노후대비 수단이지만, 연금 및 저축보험상품은 경제적 어려움에 직접적으로 대비할 수 있는 노후대비 그 자체라고 할 수 있다. 대부분의 사람들이 노후대비라고 하면 자연스레 연금이란 단어를 떠올리는 것만 봐도 이는 잘 알 수 있다.

일부 꼼수보험설계사들은 이러한 일반인들의 순수한 노후대비 준비 심리를 교묘하게 파고들며 무리해서라도 연금이나 저축보험상품에 가입해야 한다고 설파하고 있다. 그들의 논리는 다음과 같다.

"ㅇㅇㅇ씨. 지금처럼 몸 건강히 일 열심히 한다면 어떻게 해서든 돈을 벌 수 있으니까 돈이 없어서 겪는 서러움은 덜하겠죠? 그런데 말입니다… 나중에 일하지 못하는 나이가 되었는데 돈이 없거나 생활비가 적다고 생각해보세요. 언제가 더 힘들까요? 젊을 때 무리해서라도 노후대비를 해 놓아야 나중에 돈 없어서 겪는 설움을 안 겪을 수 있습니다."

이 말이 틀린 말은 아니다. 아무래도 젊을 때 돈 없는 것보다는 나이 들어 돈이 없을 경우 더한 생존의 위협을 받을 수 있다. 그렇다고 무조건 현 상황을 감내하며 말린 오징어 비틀어 물 한 방울이라도 짜내려는 생각으로 무리해서 연금이나 저축보험상품에 가입하는 것은 절대 좋은 방법이 아니다. 적금이나 예금은 무리해서 시작했다가 도저히 일상생활 유지가 힘들 지경이 되어 해지할 경우 최소한 원금에 대한 손실은 발생하지 않지만 연금보험이나 저축보험상품은 다르다. 엄연한 보험상품이며, 장기상품이기 때문에 단기간(10년 이내)에 해지할 경우 원금 손실이 발생할 수밖에 없고, 이로 인한 기회비용도 낭비될 수밖에 없다.

연금보험이나 저축보험 등의 투자성 보험상품에 가입하는 적정 수준을 재무상담 기준에서는 월 소득의 15~20%가 적당하다고 설명하고는 있지만, 이는 어디까지나 이론일 뿐이다. 더 중요한 것은, 보험료를 납입하는 본인이 오래 유지할 자신이 있을 정도의 보험료, 이 돈이 없어도 일상생활을 누리는 데에 불편함이 없을 정도의 보험료, 그리고 없는 돈이라고 생각해도 될 정도의 보험료로 시작하는 것이 중요하다. 본인이 부담을 느낄 정도의 연금보험에 가입했다가

중도에 해지 또는 부분해약을 하는 것보다는, 부담이 가지 않는 선에서 연금보험에 가입하고, 급여가 오르거나 여유자금이 생길 때 또 다시 조금씩 늘려나가는 방법으로 가입하는 방법이 더 효율적이다.

또한, 연금 및 저축보험상품들의 추가납입 기능을 활용하는 것도 좋은 방법이다. 기본적으로 매월 납입하는 월 보험료는 사업비(보험회사가 해당상품을 운용하는 데에 드는 비용 및 최초 설계사에게 지급되는 수당 등)이 차감되지만, 일정금액 이상을 추가납입하는 경우에는 사업비가 적거나 없는 경우가 많기 때문에 차감되는 금액이 거의 없이 바로 해당 보험상품의 특별계좌에 바로 적립된다. 일정금액 이상(예: 50만원 이상 또는 월 납입보험료의 2배 등 회사별로 차이가 있음)이어야 한다는 점 등의 제한사항이 있긴 하지만, 낭비되는 사업비 없이 온전히 적립할 수 있다는 점에서는 오히려 더 나은 방법이라고 할 수 있다.

연금보험은 본인의 노후를 준비하기 위해 가입하는 것이다. 연금보험 가입으로 인해 내 생활은 힘들어지는데 보험설계사의 형편만 나아진다면, 연금보험에 가입하는 진정한 이유와 누구를 위한 연금보험 가입인지를 다시 한번 생각해보아야 한다.

우측의 QR코드를 스캔하면 열아홉 번째 수법에 관련된 실제 〈꼼수보험 상담사례〉를 확인할 수 있다.

스무 번째,
"은행 적금보다 높은 이자를
확정금리로 받을 수 있는 저축상품입니다."

사무실에서 일하는 사람들이라면 사무실로 찾아오는 누군가로부터 '어디 어디 은행에서 나왔다, 은행 적금보다 높은 이자를 확정금리로 받을 수 있는 저축상품을 한시적으로 판매한다'는 등의 말을 들은 경험이 한두 번쯤은 있을 것이다.

그들이 제시하는 조건은 참으로 달콤하다. 초저금리시대에 2%가 넘는 이자를, 그것도 확정금리를 적용하여 그대로 받을 수 있다고 하고, 은행 적금보다 더 뛰어나다고 설명하며, 심지어 믿을 수 있는 OO은행에서 나왔다고 얘기를 하니 사무실에 앉아 일을 하느라 골치 아프던 사람들은 '잠시 쉬면서 설명이나 들어볼까?' 하는 생각을 하고, 설명을 들어보니 좋은 상품인 듯여 가입하기도 한다.

하지만 이런 방법으로 가입하는 보험은 '꼼수보험'일 가능성과 '꼼수보험설계사'일 확률이 높다. 과연 그들이 얘기하는 대로 좋은 저축상품일까? 그리고 그들은 정말로 일반인들이 거부감을 갖지 않는 은행으로부터 나온 사람들일까?

먼저 그들이 말하는 '은행 금리보다 높은 확정이율이 적용되는 저축상품'이라는 점을 살펴볼 필요가 있다. 아래 사진은 실제 '꼼수 보험 파헤치기 상담'을 통해 상담요청자가 제공한 '찌라시'이다.

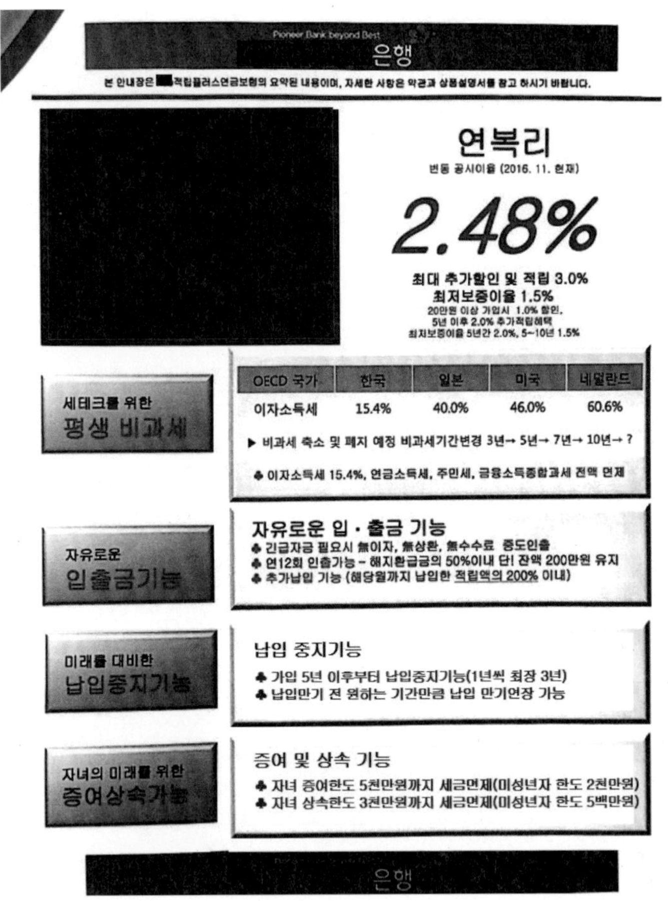

위 내용을 얼핏 보면 K은행에서 나온 직원들이 연복리 2.48%가 적용되는 저축상품을 소개하고 있다고 착각할 수 있다. 비과세혜택도

주어지고, 입출금이 자유로우며, 납입중지에 자녀에게 증여 및 상속까지…? 이 정도만 살펴봐도 어느 정도 보험 관련 지식이 있는 사람이라면 은행 적금상품이 아니라 비과세 저축보험상품임을 깨달을 수 있겠지만, 바쁜 직장생활에 이리 치이고 저리 치이는 사람이라면 그저 그들이 얘기하는 것만 듣고 '돈 모아서 나쁠 건 없겠지' 생각하며 가입할 수도 있다.

이 상품은 K은행의 저축상품이 아니라 K생명보험사의 '적립플러스연금보험'상품이다. 일반적인 은행의 적금·예금 상품이 아니라 단기간 내에 해지할 경우 원금손실이 발생하는 장기 저축·연금보험상품이며, 위에 열거되어 있는 다양한 기능들은 일반적인 저축·연금보험상품들이 지닌는 기본적인 기능이므로 전혀 새롭거나 특별한 것이 아니다.

또한, 큰 글씨로 표시되어 있는 연복리 2.48%는 숫자 그 자체만으로 보면 은행 적금 및 예금 금리보다 높은 것이 맞지만, 매월 납입하는 보험료에서 상품유지 및 보험회사 운영에 사용되는 사업비가 차감된다는 점을 감안할 경우 실제 이율은 1%대이거나 그 이하일 수 있다. 그리고 해당 설계사들이 강조하는 확정금리는 2.48%가 아니라 최저보증이율이라고 하는, 작은 글씨로 인쇄된 부분이지만, 일반인이 듣기에는 2.48%를 확정금리로 주는 상품이구나, 착각할 수도 있다.

모든 보험사는 공시이율이라는 이율을 사용하여 고객들의 해지환급금을 적립하고, 보험계약대출 제도를 운영하고 있다. 여기에 나와 있는 2.48%는 확정금리가 아니라 매월 변동이 생기는 변동금리이며, 이 상품이 판매되던 2017년 2월 당시의 K생명의 공시이율이 2.48%이었을 뿐이지, 앞으로도 계속 2.48%가 보증된다는 게 절대 아니다. 은행 금리처럼 보험사의 공시이율도 변동금리이며, 과거로부터 꾸준히 낮아지는 추세를 보이고 있다.

판매시기	공시이율 1	
	(구)금호	(구)동아
2017-02-01 ~	2.4%	
2016-12-01 ~ 2017-01-31	2.3%	
2016-11-01 ~ 2016-11-30	2.2%	
2016-09-01 ~ 2016-10-31	2.3%	
2016-07-01 ~ 2016-08-31	2.4%	
2016-03-01 ~ 2016-06-30	2.5%	
2016-01-01 ~ 2016-02-29	2.6%	
2015-11-01 ~ 2015-12-31	2.5%	
2015-09-01 ~ 2015-10-31	2.6%	
2015-07-01 ~ 2015-08-31	2.7%	
2015-06-01 ~ 2015-06-30	2.8%	
2015-05-01 ~ 2015-05-31	2.9%	
2015-04-01 ~ 2015-04-30	3.0%	
2015-02-01 ~ 2015-03-31	3.1%	
2015-01-01 ~ 2015-01-31	3.2%	

2015년 1월 당시의 K생명 공시이율은 3.2%대… 2017년 2월에는 2.48%. 은행 금리처럼 꾸준히 낮아지는 공시이율을 확인할 수 있다.

이처럼 시간이 지날수록 점점 낮아지는 보험회사의 저축상품의 단점을 보완하기 위해 보험회사들은 최저보증이율이라는 것을 설정하고 있는데 쉽게 말하면 공시이율이 아무리 낮아져도 최저보증이율은 반드시 적용받을 수 있다는 것이다. 여기에도 조건이 있다. 가입 후 5년간은 2%, 5년~10년째까지는 1.5%, 10년 이후에는 1% 최저보증 가능이라는 조건이다.

제37조 (공시이율의 적용 및 공시)

① 이 보험의 적립액 계산 시 적용되는 이율은 매월 1일 회사가 정한 신공시이율(연금Ⅳ)(최저보증이율은 계약 후 10년 이하라는 연복리 1.5%, 10년 초과는 연복리 1.0%를 적용)로 합니다.

② 제1항의 신공시이율(연금Ⅳ)은 이 보험의 서업방법서에서 정하는 바에 따라 운용자산수익률과 외부지표금리를 기중평균 하여 산출된 일반계정 신공시기준이율에서 향후 예상수익 등을 고려한 조정률을 가감하여 결정합니다.

해당 상품의 약관에 나와 있는 공시이율 관련 내용. '10년 이하는 연복리 1.5%', '10년 초과는 연복리 1.0%' 최저보증이라고 분명히 적혀 있다.

2.48%에서 사업비를 제하면 1%가 채 안 되는 이율이 될 텐데, 그나마 최저보증해준다는 최저보증이율도 시간이 지날수록 낮아져 10년 이후에는 1%밖에 되지 않는다. 사업비를 제하면 이자율은 과연 몇%가 될까? 아니 이자를 받을 수는 있을까?

이러한 저축보험의 특성 때문에 본 상품과 같이 공시이율 적용받는 저축상품의 경우 최소 10년을 유지해야 납입원금을 겨우 회복할 수 있다. 이는 약관에 첨부되어 있는 해지환급금 예시표를 보아도 확인할 수 있다.

6-2. 해지환급금 예시

-.1종

(기준 : 월보험료 20만원, 남자 40세, 60세 연금개시, 20년납, 월납, 단위: 원)

경과기간	납입보험료	2017년 1월 현재 신공시이율(연금IV)(2.48%)가정			
		해지환급금	환급률	적립금	적립률
3 개월	600,000	0	0.0%	516,112	86.0%
6 개월	1,200,000	350,108	29.2%	1,035,394	86.3%
9 개월	1,800,000	898,938	49.9%	1,557,866	86.5%
1 년	2,400,000	1,450,977	60.5%	2,083,548	86.8%
2 년	4,800,000	3,691,455	76.9%	4,218,598	87.9%
3 년	7,200,000	5,984,688	83.1%	6,406,402	89.0%
4 년	9,600,000	8,331,959	86.8%	8,648,245	90.1%
5 년	12,000,000	10,734,561	89.5%	10,945,418	91.2%
6 년	14,400,000	13,242,484	92.0%	13,347,912	92.7%
7 년	16,800,000	15,809,696	94.1%	15,809,696	94.1%
8 년	19,200,000	18,411,235	95.9%	18,411,235	95.9%
9 년	21,600,000	21,076,903	97.6%	21,076,903	97.6%
10 년	24,000,000	23,808,267	99.2%	23,808,267	99.2%
15 년	36,000,000	38,956,420	108.2%	38,956,420	108.2%
20 년	48,000,000	56,061,447	116.8%	56,061,447	116.8%

위 해지환급금표를 보면 가입할 당시의 공시이율 2.48%가 계속 적용된다고 하더라도 10년 납입해야 겨우 99.2% 적립금이 생기고, 20년 유지해야 116.8%에 불과하다. 최저보증이율이 적용된다면 이보다 더 낮은 수준으로 적립이 될 것은 안 봐도 뻔하다.

적금보다 높은 이자를 주는 저축상품이라고 설명 듣고 가입한 사람이, 만약 이 상품의 진실을 미리 알았다면 과연 가입했을까? 10년 유지해야 겨우 원금이 되고, 최저보증이율만 확정적으로 보장된다는 점을 설명 들었어도 가입했을까?

물론, 이런 상품도 제대로 된 설명을 듣고 충분히 이해한 뒤에 필요에 의해 가입한다면 좋은 보험이 될 수 있다. 그러나 이런 식으로 삼삼오오 조를 짜서 돌아다니면서 보험을 판매하는 사람들은 대부분 미끼상품판매에 급급한, 별도의 관리가 필요 없는, 판매하기 쉬운 상품만 취급하는 꼼수보험설계사들이다.

보험가입은 정말 신중해야 한다.

설계사를 1대1로 만나 1시간 이상, 여러 차례 만나서 설명 듣고 가입해도 손해를 볼 수 있는데, 바쁜 일과시간에 찾아온, 어디서 온 누구인지도 모르는 사람에게 나의 소중한 돈을 맡겨도 괜찮을까? 그것도 제대로 된 설명이 아니라 '찌라시' 한 장을 이용한 설명만 듣고서? 만약 누군가 '찌라시'를 내밀며 가입을 권유한다면 정중히 거절하고, 믿을 수 있는 설계사에게 해당 '찌라시'를 보여주며 제대로 된 상담을 받아보기 바란다!

우측의 QR코드를 스캔하면 스무 번째 수법에 관련된 실제 〈꼼수보험 상담사례〉를 확인할 수 있다.

4장

보험가입 후
알아두면 좋은 것들

지금까지 보험가입 전부터 보험설계사와 상담시까지 알아야 할 내용을 단계별로 살펴보았다. 이제 기본적인 보험지식은 물론, 꼼수보험설계사를 걸러내는 방법도 알았으리라 생각한다.

이번 장에서는 앞의 단계를 통해 제대로 보험에 가입한 후 가입만큼이나 중요한 활용법에 대해서 살펴보자. 구슬이 서 말이라도 꿰어야 보배라고 했다. 아무리 제대로 가입한 보험이라도 보험금 청구를 어떻게 하는지 몰라 청구 자체를 포기하거나 '설마 이런 것도 보험금 받을 수 있겠어?' 생각하며 보험금을 못 받는 경우가 생긴다면, 지금까지 좋은 보험에 가입하기 위해 기울인 노력은 무용지물이 되고 만다.

보장성보험의 보험금 청구하는 방법

청구할 수 있는 보험금 종류는 여러 가지이다. 사망시 지급되는 사망보험금, 수술을 받았을 경우 지급되는 수술보험금, 입원시 지급되는 입원보험금, 특정 질병(암, 뇌출혈, 뇌졸중, 급성심근경색 등)으로 진단받을 때 지급되는 진단보험금, 병원에서 받은 각종 검사 및 치료, 입원치료비가 보장되는 실손의료비보험금 등 보험을 어떻게 구성하여 가입했느냐에 따라 청구 및 보상받는 보험금의 종류는 다양하다.

1) 보험금을 청구하는 방법은 크게 세 가지로 나눌 수 있다.

① 가입자가 직접 가까운 지점이나 고객센터에 방문하여 직접 청구

② 우편이나 FAX, 인터넷 및 모바일접수를 통한 청구

③ 담당 보험설계사를 통한 청구

위 세 가지 방법 중 ③번을 제외한 나머지는 가입자 본인이 직접

해야 하며, 아무래도 보험금 청구서 작성 및 필요서류를 준비하는데 번거롭기 때문에 담당 보험설계사를 통해 보험금을 청구하는 게 더 좋다. 특히, 보험금 청구서를 어떻게 작성하느냐에 따라 못 받을 보험금도 받을 수 있는 경우가 종종 생기므로 보험금 청구만큼은 되도록 보험설계사를 통해 해야 한다.

③번 방법의 경우 보험설계사가 필요한 서류 및 유의사항에 대해 자세히 설명해 주기 때문에 상관없지만, 나머지 경우에는 가입자가 꼭 알아두어야 할 유의사항이 몇 가지 있다.

- 생명보험상품의 보험금을 청구할 때에는 지급액이 100만원 이하인 경우 병원 서류(진단서, 소견서, 수술 및 입퇴원확인서 등)의 사본 제출이 가능하지만, 100만원을 초과 시에는 원본 서류를 제출하여야 한다.

- 상법 제662조(소멸시효)에 의거 보험금 청구권은 3년으로 정하고 있기 때문에 수술사유 발생일로부터 3년 이내까지만 보험금 청구가 가능.

- 어떤 서류가 필요할지 스스로 판단하지 말고 해당 보험사 고객센터를 통해 상황을 설명한 뒤 필요 서류 및 절차에 대해 자세히 설명 들어야 한다.

- 보험금을 지급받을 통장은 수익자(미지정시 피보험자 또는 계약자) 또는 상속인(미지정시 법정상속인) 명의의 통장이어야 한다.

- 보험금 청구가 접수되면 보험회사로부터 문자를 통해 보험금 접수에 대해 안내를 받는데, 안내를 못 받았을 경우에는 반드시 보험회사 고객센터에 연락하여 접수 현황을 확인해야 한다.

'2년 전에 대장내시경 검사 하다가 용종을 떼어냈는데 지금 와서 보험금 청구 가능할까?' 생각하고 있다면… 수술일로부터 3년이 지나지 않았기 때문에 당연히 보험금 청구 가능하다.

2) 생명보험상품의 보험금 청구서류 안내

- 공통구비서류(보험사별로 약간의 차이는 있지만 대동소이)

구비서류		세부사항
1. 보험금 청구서		청구인의 계좌번호 작성 포함
2. 보험금 청구를 위한 개인(신용)정보 처리 동의서		
3. 보험수익자(보험금을 받는자)의 신분증		주민등록증, 운전면허증, 여권, 외국인등록증 중 택일
(필요시) 추가서류	가족관계 확인 필요시	가족관계 확인 서류(예시: 기본증명서, 가족관계증명서, 혼인관계증명서 등) 배우자, 자녀 등의 보장상품, 수익자가 미성년자인 경우 등
	대리인 청구시	위임장, 보험금 청구권자의 인감증명서(또는 본인서명사실확인서), 보험금 청구권자의 개인(신용)정보처리동의서
	재해사고시	사고입증서류
재해 입증서류 예시	교통사고	공공기관(경찰서, 소방서 등), 손해보험사, 공제조합(버스, 화물, 택시 등) 사고사실확인서
	산업재해	산업재해처리내역서 또는 보험급여지급확인서
	군인재해사고	공무상병인증서
	의료사고 등 법원분쟁	법원판결문
	기타 재해사고	공공기관(경찰서, 소방서 등) 사고사실확인서
	확인서류 발급불가 재해사고	병원초진차트 등 재해사고 증명서류 및 보험금 청구서상 재해사고내용 기재

• 청구사유별 구비서류(보험사별로 약간의 차이는 있지만 대동소이)

청구사유	구비서류		세부사항	발급처
사망	필수 (택1)		① 사망진단서(시체검안서) 원본 ② 피보험자 기본증명서(사망사실 기재)가 첨부된 사망진단서(시체검안서) 사본 (원본대조필 포함) * 사망진단서 원본 제출시 기본증명서 제외	의료기관 및 주민센터*
	추가		※ (수익자 미지정시) 추가 요청서류 ① 상속관계 확인서류 (예시: 가족관계증명서, 혼인증명서 등) ② 상속인이 다수인 경우: 상속인 각각의 위임장 및 인감증명서(또는 본인서명사실확인서), 대표수익자 지정동의서 작성 *사망시 책임준비금 접수시: 청구금액 100만원 이하는 대표수익자 지정 동의서 및 인감증명서 첨부생략 가능 * 상속관계확인을 위해 추가서류가 필요할 수 있습니다.	주민센터* 회사양식
입원	필수 (택1)		※ 진단명(질병분류코드) • 입원기간이 포함된 서류 ① 입 • 퇴원확인서 ② 진단서 * 실손의료보험의 경우 진료비계산서(영수증) 및 진료비세부내역서 추가제출필요	의료기관
통원	필수 (택1)		※ 진단명(질병분류코드) • 통원일(기간)이 포함된 서류 ① 통원확인서 ② 소견서 + 진료차트 ③ 진단서 * 단, 3만원 이하시(산부인과, 항문외과, 비뇨기과, 피부과 등 제외) 진료비계산서(영수증)로 갈음. * 실손의료보험의 경우 진료비 · 약제비계산서(영수증) 추가제출필요	의료기관
장해	필수		① 후유장해진단서	의료기관
	추가		※ 일반진단서로 대체 가능한 장해 ① 만성신부전: 최초 혈액투석일, 환자상태 기재 ② 사지절단(절단부위 명시): X-ray결과지 ③ 인공관절치환술 (치환일자, 부위 명시): 수술기록지 ④ 비장 · 신장 · 안구적출(적출일자, 부위 명시): 수술기록시 ⑤ 장기전절제 (절제일자, 부위 명시): 수술기록지	
진단	공통	필수	① 진단명(질병분류코드) • 진단일자가 포함된 서류	의료기관
	암	필수	① 암/제자리암/경계성종양: 조직검사결과지 * 백혈병: 골수검사결과지 및 혈액검사 결과지 * 뇌/폐/췌장암: 방사선 판독결과지(조직검사 못할 경우) * 간: 방사선 판독결과지(조직검사 못할 경우) 및 혈액검사 결과지	의료기관
	뇌출혈/뇌졸중	필수	① MRI, CT 등 방사선 판독 결과지	의료기관
	급성심근경색	필수	① 각종 검사결과지(관상동맥조영술결과지, 심전도결과지, 근효소결과검사지 등)	의료기관
골절	필수 (택1)		※ 진단명(질병분류코드) • 진단일자가 포함된 서류 ① 의사소견서 ② 통원확인서(입 · 퇴원확인서) + X-RAY결과지 ③ 진단서	의료기관
수술	필수 (택1)		※ 진단명(질병분류코드) • 수술명 • 수술일자가 포함된 서류 ① 수술확인서 ② 진단서	의료기관

(3) 화재·손해보험의 보장성보험 보험금 청구서류 안내

화재보험·손해보험의 보장성보험 보험금 청구는 크게 질병사고와 상해사고로 나뉜다.

질병사고(이하 질병) 보험금 청구서류와 상해사고(이하 상해) 보험금 청구서류의 공통적인 서류는 동일하지만, 질병보험금 중 암, 뇌출혈, 뇌졸중, 급성심근경색, 허혈성심장질환 등의 특정 질병 진단보험금을 청구할 때는 해당 질병으로 진단받은 사실을 증명할 수 있는 병원 서류(진단서, 각종 기록지 등)가 반드시 제출되어야 하며, 상해보험금 중 사고로 인한 보험금 청구는 사고의 종류를 입증할 수 있는 서류(산재사고, 군인재해사고, 의료사고 등 법원분쟁, 기타재해사고, 서류발급불가 재해사고)를 제출해야 한다는 게 차이점이다.

화재보험·손해보험의 보험금 청구 시효는 생명보험상품과 마찬가지로 3년 이내이며, 사고 발생일로부터 3년이 경과할 경우에는 보험금 청구권이 소멸하기 때문에 보험금을 청구할 수 없다. 보험금 청구가 접수되면 보험회사로부터 보험금 청구가 접수되었다는 내용의 문자 메시지를 받는데, 못 받았을 경우에는 반드시 고객센터를 통해 접수현황을 확인해야 한다.

화재보험·손해보험 보험금 청구건 중 가장 많은 비중을 차지하는 것이 실손의료비(의료실비)보험금이다. 간단하게 통원 치료를 받을 경우에는 병원비 영수증만 제출하면 되지만, 총 청구금액이 50만원을 초과하면 추가적인 병원 서류(초진차트, 진료비 세부내역서, 의무기록사본 등)를 제출해야 하며, 입원치료의 경우에는 병원비 영수증 외에도 진료비세부내역서, 진단명과 입원기간이 포함된 입퇴원확인서 또는 진단서를 제출해야 한다.

- 질병사고(질병) 보험금 청구서류 안내장(회사별로 크게 다르지 않음)

<table>
<tr><th colspan="2">보장내역</th><th>구비서류</th><th>발급처</th></tr>
<tr><td rowspan="2">공통</td><td>기본</td><td>· 보험금청구서(계좌번호 포함)
· 개인(신용)정보처리동의서
· 신분증 사본(※지문정보가 포함된 주민등록증 뒷면은 수집하지 않습니다)
· 통장사본(※자동이체계좌와 동일한 경우 제외)</td><td>보험회사
보험회사
관공서</td></tr>
<tr><td>추가
(필요시)</td><td>· 가족관계 확인 필요시 : 가족관계 확인서류(예 : 가족관계증명서, 혼인관계증명서 등)
· 대리인 청구시 : 위임장, 보험금 청구권자의 인감증명서(또는 본인 서명 사실 확인서),
보험금 청구권자의 개인(신용)정보처리 동의서</td><td>관공서
관공서
보험회사</td></tr>
<tr><td rowspan="3">실손
의료비</td><td>기본</td><td>· 진료비 계산 영수증 (통원시 일자별 영수증 및 약국영수증)
· 진료비세부내역서 (비급여진료비 없는 경우 생략가능)
<table><tr><th>상품구분
(가입시기)</th><th>세부내역서 제출기준</th></tr><tr><td>2017.4월 이후</td><td>- 입/통원 구분없이 "비급여진료비" 청구건</td></tr><tr><td>2017.4월 이전</td><td>- 입원의료비 청구건
- 통원의료비 "10만원 이상" 청구건</td></tr></table>※보험금 지급제외 대상이 많은 진료과목(산부인과, 항문외과, 비뇨기과, 피부과 등) 및 짧은기간 내 보험금청구횟수가 과다한 경우 등 추가심사가 필요하다고 판단 되는 때 에는 별도의 증빙서류를 요청할 수 있음</td><td rowspan="11">해당
의료기관</td></tr>
<tr><td>입원
(선택)</td><td>① (청구금액 50만원 이하시) 진단명과 입원기간이 포함된 입퇴원 확인서 또는 진료확인서
② 진단서</td></tr>
<tr><td>통원
(청구금액에
따라)</td><td>※ 병명 확인이 가능한 서류
<table><tr><td>3~10만원</td><td>처방전(질병분류코드 포함)</td></tr><tr><td>10만원~</td><td>선택: ①통원확인서 ②진단서 ③처방전
※진단명(질병분류코드),통원일(기간)이 포함된 서류 중 하나</td></tr></table></td></tr>
<tr><td colspan="2">입원일당</td><td>· 입퇴원확인서(진단명 기재)</td></tr>
<tr><td rowspan="5">진단금</td><td>기본</td><td>· 진단서 (반드시 한국표준질병사인분류번호가 기재된 진단서 제출필요)</td></tr>
<tr><td>암</td><td>· 조직검사결과지 (암 수술시 수술기록지 포함)
- 백혈병 : 골수검사지 및 혈액검사 결과지
- 뇌/폐/췌장암 : (조직검사 못할 경우)방사선 판독결과지
- 간 : (조직검사 못할경우) 방사선 판독 결과지 및 혈액검사 결과지</td></tr>
<tr><td>뇌질환</td><td>· CT, MRI 검사 결과지,영상CD(MRI, CT, 뇌혈관조영술)</td></tr>
<tr><td>심질환</td><td>· 관상동맥 조영술, 심전도, 심장효소 혈액검사, 심초음파 등 각종검사 결과지</td></tr>
<tr><td>기타</td><td>· 진단 사실 확인 서류 (약관내용에 따라 추가서류 필요)</td></tr>
<tr><td colspan="2">7대질병수술비</td><td>· 진단서
· 수술기록지</td></tr>
<tr><td rowspan="2">사망</td><td>기본</td><td>① 사망진단서 원본
② 사망진단서 사본 + 기본증명서(사망사실기재)</td><td>의료기관
(주민센터)</td></tr>
<tr><td>수익자서류</td><td>· 상속관계 확인서류 (사망자 가족관계증명서, 혼인관계증명서 등)
· 법적상속인 다수인 경우 대표자 위임시 : 상속인 각각의 위임장 + 인감증명서(또는 본인서명사실확인서) 필요</td><td>주민센터
보험회사</td></tr>
<tr><td colspan="2">후유장해</td><td>· 후유장해 진단서
(※ 일반 진단서로 대체 가능한 경우)
- 만성신부전 : 혈액투석(최초투석일, 환자상태 기재)
- 사지절단(절단 부위 명시) : X-RAY 결과지
- 인공관절 치환술 (치환일자, 부위명시) : 수술기록지
- 비장·신장·안구적출(적출일자, 부위명시) : 수술기록지
- 장기전절제(절제일자,부위명시) : 수술기록지
· 장애인 등록증
· 정밀검사결과지(MRI, CT, X-ray, 근전도 검사등)</td><td>종합병원
(대학병원)</td></tr>
<tr><td rowspan="2">태아보험</td><td>신생아
입원비</td><td>· 출생증명서 또는 가족관계증명서
· 진단서 (50만원이하 - 진단명, 입원기간이 명시된 '입퇴원 확인서' 또는 진료확인서 갈음)
· 입퇴원 확인서 (인큐베이터 사용 시 해당기간 명시)
※ 단, 진단서에 입원기간(인큐베이터 사용기간) 포함된 경우 제외</td><td>주민센터
해당의료기관</td></tr>
<tr><td>유산/사산</td><td>· (유산) 진단서, (사산) 사산증명서</td><td rowspan="2">해당의료기관
보험회사</td></tr>
<tr><td colspan="2">치과치료
(치아보험)</td><td>· 진료비계산서
· 치과진료기록 사본
· 진료확인서(회사양식)
· 치료 전후의 X-ray 사진 또는 이에 준하는 판독자료</td></tr>
</table>

• 상해사고 보험금 청구서류 안내장(회사별로 크게 다르지 않음)

<table>
<tr><th colspan="2">보장내역</th><th>구비서류</th><th>발급처</th></tr>
<tr><td rowspan="2">공통</td><td>기본</td><td>· 보험금청구서(계좌번호 포함)
· 개인(신용)정보처리동의서
· 신분증 사본(※ 지문정보가 포함된 주민등록증 뒷면은 수집하지 않습니다)
· 통장사본 (자동이체계좌와 동일한 경우 제외)</td><td>보험회사
보험회사
관공서</td></tr>
<tr><td>추가
(필요시)</td><td>· 가족관계 확인 필요시 : 가족관계 확인서류(예:가족관계증명서, 혼인관계증명서 등)
· 대리인 청구시 : 위임장, 보험금 청구권자의 인감증명서(또는 본인서명사실확인서),
보험금 청구권자의 개인(신용)정보처리 동의서</td><td>관공서
관공서
보험회사</td></tr>
<tr><td rowspan="5">사고입증서류</td><td>산재사고</td><td>· 산재요양신청서
· 보험급여지급확인서</td><td rowspan="5">서류별상이</td></tr>
<tr><td>군인재해사고</td><td>· 공부상병인증서</td></tr>
<tr><td>의료사고등
법원분쟁</td><td>· 법원 판결문</td></tr>
<tr><td>기타재해사고</td><td>· 공공기관(경찰서, 소방서 등) 사고사실 확인서</td></tr>
<tr><td>서류발급불가
재해사고</td><td>· 병원초진챠트 등 상해사고 증명서류, 보험금 청구서상 사고내용 상세 기재</td></tr>
<tr><td rowspan="3">실손의료비</td><td>기본</td><td>· 진료비 계산 영수증 (통원시 일자별 영수증 및 약국영수증)
· 진료비세부내역서 (비급여진료비 없는 경우 생략가능)
<table><tr><th>상품구분
(가입시기)</th><th>세부내역서 제출기준</th></tr><tr><td>2017.4월 이후</td><td>- 입/통원 구분없이 "비급여진료비" 청구건</td></tr><tr><td>2017.4월 이전</td><td>- 입원의료비 청구건
- 통원의료비 "10만원이상" 청구건</td></tr></table>※보험금 지급제외 대상이 많은 진료과목(산부인과, 항문외과, 비뇨기과, 피부과 등) 및 짧은기간 내 보험금청구횟수가 과다한 경우 등 추가심사가 필요하다고 판단 되는 때 에는 별도의 증빙서류를 요청할 수 있음</td><td rowspan="6">해당의료기관</td></tr>
<tr><td>입원
(선택)</td><td>① (청구금액 50만원이하시) 진단명과 입원기간이 포함된 입퇴원확인서, 진료확인서
② 진단서</td></tr>
<tr><td>통원
(선택)</td><td>※ 병명 확인이 가능한 서류
<table><tr><td>3~10만원</td><td>처방전(질병분류코드포함)</td></tr><tr><td>10만원~</td><td>선택:①통원확인서②진단서③처방전
※진단명(질병분류코드),통원일(기간)이 포함된 서류 중 하나</td></tr></table></td></tr>
<tr><td colspan="2">입원일당</td><td>· 입퇴원확인서(진단명 기재)</td></tr>
<tr><td colspan="2">골절,화상</td><td>· 진단명(질병분류코드), 진단일자가 포함된 서류
예시) 의사소견서, 진단서, 응급실기록지, 진료기록지 등</td></tr>
<tr><td colspan="2">수술비</td><td>· 진단명(질병분류코드), 수술명, 수술일자가 포함된 서류
예시) 수술확인서, 수술기록지 등</td></tr>
<tr><td colspan="2">후유장해</td><td>· 후유장해 진단서
(※ 일반 진단서로 대체 가능한 경우)
- 만성신부전 : 혈액투석(최초투석일, 환자상태 기재)
- 사지절단(절단 부위 명시) : X-RAY 결과지
- 인공관절 치환술 (치환일자, 부위명시) : 수술기록지
- 비장·신장·안구적출(적출일자, 부위명시) : 수술기록지
- 장기전절제(절제일자,부위명시) : 수술기록지
· 장애인 등록증
· 정밀검사결과지(MRI, CT, X-ray, 근전도 검사등)</td><td>종합병원
(대학병원)</td></tr>
<tr><td rowspan="2">사망</td><td>기본
(선택)</td><td>① 사망진단서 원본
② 사망진단서 사본 + 기본증명서(사망사실기재)</td><td>의료기관
(주민센터)</td></tr>
<tr><td>수익자서류</td><td>· 상속관계 확인서류 (사망자 가족관계증명서, 혼인관계증명서 등)
· 법적상속인 다수인 경우 대표자 위임시 : 상속인 각각의 위임장 + 인감증명서(또는 본인서명사실확인서) 필요</td><td>주민센터
보험회사
(주민센터)</td></tr>
</table>

몰라서 못 받을 확률이 높은 보험금 1

"보험에 가입하고 나서 지금까지 단 한번도 보험금 받은 적이 없습니다. 보험을 괜히 가입한 거 아닐까요?"

보험 관련 상담을 진행하다 보면 위와 같은 얘기를 자주 듣곤 한다. 보험설계사 잘못 만나서 꼼수보험 가입한 것도 억울한데, 지금까지 단 한번도 보험금 받은 적이 없기 때문에 손해인 것 같다…?

보험가입 후 보험금을 한 번도 못 받았다고 해서 손해인 것은 절대 아니다. 만약 보험금 지급 사유에 해당하는데도 보험회사가 보험금을 지급하지 않았다면 이거는 머리띠 매고 보험회사 앞에 가서 싸워야 할 사항이지만, 보험금 청구할 일이 발생하지 않았다는 것은 어찌 보면 가입자에게는 좋은 일이다. 사고가 없었으니까.

보험은 반드시 보험금을 탈 것이라는 생각으로 가입하기보다는 만에 하나 아프거나 사고를 당해서 병원 치료를 받을 경우에 대비해서 미리 가입하는 것이다. 보험의 기능은 보험금 청구 사유 발생 시 보험금을 지급하는 것과 보험금 청구사유가 발생할지도 모르기 때문에 24시간 경계를 서는 것으로 설명할 수 있다. 즉, 보험금을 안 받았다고 해서 보험의 제대로 된 기능을 이용하지 못한 것은 아니라는 뜻이다. 자기 집에 24시간 경비시스템을 구축해 놓았는데 도둑이 들지 않았다고 '아… 괜히 설치했네' 생각하겠는가?

하지만 보험가입자 중에는 보험금 지급사유에 해당하는 것을 몰라서 보험금을 청구하지 않는 경우가 많다. '설마 이런 것도 보험금 지급되겠어?' 생각하며 보험금 청구를 생각지도 못 하는 상황을 알아보자.

1) 종신보험인데 부러진 치아도 보험금을 지급해준다?

4. 씹어먹거나 말하는 장해

가. 장해의 분류

장해의 분류	지급률
1) 씹어먹는 기능과 말하는 기능 모두에 심한 장해를 남긴 때	100
2) 씹어먹는 기능 또는 말하는 기능에 심한 장해를 남긴 때	80
3) 씹어먹는 기능과 말하는 기능 모두에 뚜렷한 장해를 남긴 때	40
4) 씹어먹는 기능 또는 말하는 기능에 뚜렷한 장해를 남긴 때	20
5) 씹어먹는 기능과 말하는 기능 모두에 약간의 장해를 남긴 때	10
6) 씹어먹는 기능 또는 말하는 기능에 약간의 장해를 남긴 때	5
7) 치아에 14개 이상의 결손이 생긴 때	20
8) 치아에 7개 이상의 결손이 생긴 때	10
9) 치아에 5개 이상의 결손이 생긴 때	5

보통 종신보험 등의 생명보험이나 화재·손해보험에 가입할 때

재해상해특약이라는 것을 함께 가입하는 경우가 많다. 사고(재해·상해)로 인해 신체에 장해가 남을 경우 가입금액 대비 장해지급률(3~100%)을 계산한 보험금을 지급하는 특약인데 치아파손(파절)으로도 장해보험금을 받을 수 있다. 종신보험의 재해상해특약 약관의 내용을 보면 7번부터 9번 항목이 치아 결손 관련 내용인데, 여기에서 말하는 결손은 치아의 상실 또는 치아의 신경이 죽었거나 1/3 이상이 파절(깨짐, 부러짐)된 경우를 말한다. 즉, 우연한 사고로 인해 넘어지면서 치아가 5개 부러졌다면 보험금을 받을 수 있다.

재해상해특약의 가입금액을 1억원으로 설정하였다면 치아 5개가 부러진 경우에는 지급률이 5%이기 때문에 1억원의 5%인 500만원이 지급되며, 1,000만원으로 가입금액이 되어있다면 50만원이 지급된다. 이러한 재해상해특약은 보험가입시 별 신경을 쓰지 않거나 설계사가 아예 설계내용에서 빼고 가입하는 경우가 왕왕 있다. 하지만 가입금액 대비 보험료가 그리 비싸지 않고(81년생 남성이 재해상해특약을 1억원 한도로 설정하여 가입할 경우 보험료는 만원이 채 되지 않는 9,500원), 생각지도 못했던 사고로 인한 부상도 보장이 되기 때문에 가급적이면 선택하여 가입하는 것이 좋다.

2) 건강검진 내시경검사로 용종을 제거한 것도 보험금이 지급된다?

보험설계사들 사이에서 일종의 보너스(?) 개념으로 여겨지는 보험금이 있다. 그것은 바로 건강검진과 관련이 있다.

회사에서는 직원들의 복지를 위해 값비싼 건강검진을 주기별로 시켜주고 있다. 물론, 기본적인 검사에 한하며 추가검사는 환자 부담금이 별도로 발생하지만 자신의 건강을 위해서 그 정도는 감수하는 것도 괜찮다.

건강검진에서 내시경검사를 통해 용종이 발견되었다면? 당연히 보험금 지급받을 수 있다.

88. 내시경(Fiberscope)에 의한 내시경 수술 또는 카테터(Catheter) · 고주파 전극 등에 의한 경피적 수술 [수술개시일부터 60일 이내 2회 이상의 수술은 1회의 수술로 간주하여 1회의 수술보험금을 지급하며 이후 동일한 기준으로 반복 지급이 가능합니다.]	
88-1. 뇌, 심장	3종
88-2. 후두, 흉부장기(심장 제외), 복부장기(비뇨, 생식기 제외), 척추, 사지관절(손가락, 발가락은 제외)	2종
88-3. 비뇨, 생식기 및 손가락, 발가락	1종

위의 생명보험의 약관 내용을 보면 '내시경에 의한 내시경수술 또는 카테터, 고주파 전극 등에 의한 경피적 수술'이라고 명시되어 있는데, 건강검진 내시경검사에서 용종이 발견되어 용종을 떼는 시술도 이에 해당하므로 생명보험의 경우 1종~2종에 해당하는 수술보험금을 지급받을 수 있다(생명보험의 수술보험금을 받기 위해서는 수술명과 질병·상병 코드를 확인할 수 있

는 수술확인서가 필요하다).

의료실비보험에 가입하고 있는 경우라면 용종을 떼는 시술을 받는데 발생한 추가비용의 80~90%를 돌려받을 수 있다(의료실비보험으로 건강검진 추가비용 보험금 청구하기 위해서는 병원비 영수증만 제출하면 된다).

건강검진도 공짜로 받아서 좋은데 용종도 발견해주고, 용종도 떼주고, 거기에 자신이 가지고 있는 종신보험과 실비보험에서 보험금도 나온다… 놔두면 큰 질병으로 발전할 수도 있는 용종을 미리 발견한 것도 큰 축복이요, '보험금 받을 일 있겠어?' 의심하며 가입한 종신보험과 실비보험에서 보험금도 중복으로 지급되니 이 또한 축복이다.

개인적으로 지난해 대장내시경 검사를 받았는데… 수면내시경이었기 때문에 깨어났을 때 가장 먼저 간호사에게 했던 말은 "용종은요?"이었다. 아쉽게도(?) 깨끗하다는 대답을 듣고 살짝 실망했다는… 참으로 철없다.

3년 전에는 건강검진으로 흉부 CT촬영을 했는데 폐결절 의심소견이 발견되어 다시 날짜를 잡고 추가로 CT를 촬영한 적이 있다. 결과는 아무것도 아니었는데, 이때 발생하였던 추가검사비용을 실비보험금을 청구하여 받을 수 있었다.

보험금은 받는 것보다 받을 일이 생기지 않는 것이 더 좋다. 하지만 받을 일이 생길 경우에는 제대로 받아야 하고, 몰라서 못 받는 보험금은 절대적으로 없어야 하겠다.

모르는 게 약이다? 보험금 지급 가능 여부는 모르면 독이고 알면 약이다!

몰라서 못 받을 확률이 높은 보험금 2

1) 종신보험(생명보험)으로 제왕절개수술, 유산(자궁소파술), 유산기로 인한 입원까지 보험금 청구 가능하다?

출산 관련한 수술 중 제왕절개수술은 생명보험의 수술보험금(1종)을 지급받을 수 있다. 산모 본인이 자연분만의 고통이 너무 두려워서 적극적으로 의사에게 “나는 제왕절개수술을 받고 싶어요”라고 말하는 경우가 아니라, 의사 판단으로 시행한 제왕절개수술의 경우에는 보험금을 받을 수 있다.

비뇨기계 · 생식기계의 수술 (인공임신중절수술은 제외함)	49. 음경(陰莖) 절단수술 (포경수술 및 음경이물제거수술은 제외)	3종
	50. 고환(睾丸), 부고환(副睾丸), 정관(精管), 정색(精索), 정낭(精囊)관혈수술, 전립선(前立腺)관혈수술	2종
	51. 음낭관혈수술	1종
	52. 자궁, 난소, 난관 관혈수술 (단, 제왕절개만출술 및 경질적인 조작은 제외)	2종
	53. 경질적 자궁, 난소, 난관 수술 [수술개시일부터 60일 이내 2회 이상의 수술은 1회의 수술로 간주하여 1회의 수술보험금을 지급하며 이후 동일한 기준으로 반복 지급이 가능합니다.]	1종
	54. 제왕절개만출술(帝王切開娩出術)	1종
	55. 질탈(膣脫)근본수술	1종

생명보험의 수술보험금 약관 내용 중 비뇨기계·생식기계의 수술의 내용 중 54번 제왕절개만출술이 1종으로 표시되어 있기

때문에 1종 수술보험금이 지급된다. 생명보험회사별로 약간의 차이는 있지만 1종 수술의 경우 보통 10~20만원의 수술보험금을 받을 수 있으며(1,000만원 가입금액 기준), 3일 이상 입원하는 경우에는 3일째부터 하루 입원비를 지급한다.

유산으로 인해 소중한 아가를 보내야 하는 경우에도 수술보험금을 받을 수 있다. 아이를 지우기 위한 자궁소파술은 보상에서 제외되지만 유산으로 인해 어쩔 수 없이 자궁소파술을 받은 경우에는 1종~2종에 해당하는 수술보험금을 받을 수 있으며, 제왕절개술과 마찬가지로 3일 이상 입원한 경우에는 3일째부터 하루 입원비를 지급한다.

이 밖에도 예정일 몇 주 전에 가진통이 심해져서 병원에 입원하였거나, 유산기가 있어서 입원하는 경우에도 생명보험의 입원보험금 청구가 가능하며, 3일째부터 하루 입원보험금을 계산하여 받을 수 있다.

지금까지 설명한 출산 관련 수술보험금 및 입원보험금은 생명보험상품에 한해서만 적용되는 내용이며, 화재보험이나 손해보험으로는 임신·출산 관련한 보험금은 지급되지 않다.

제4조(보험금을 지급하지 않는 사유)

① 회사는 보통약관 제5조(보험금을 지급하지 않는 사유) 제1항 제1호 내지 제3호 및 아래의 사유에 의하여 보험금 지급사유가 발생한 때에는 보험금을 지급하지 않습니다.

1. 피보험자의 치매를 제외한 정신적 기능장해, 선천성 뇌질환 및 심신상실
2. 피보험자의 임신, 출산(제왕절개를 포함합니다), 산후기. 그러나 회사가 보장하는 보험금 지급사유로 인한 경우에는 보험금을 지급합니다.

② 회사는 제7차 한국표준질병·사인분류에 있어서 아래의 질병수술비에 대하여는 보상하지 않습니다.

1. 정신과질환 및 행동장애(F04~F99)
2. 여성생식기관의 비염증성 장애로 인한 습관성 유산, 불임 및 인공수정 관련 합병증(N96~N98)
3. 피보험자의 임신, 출산(제왕절개를 포함합니다), 산후기로 수술한 경우(O00~O99)

출산 관련 보험금 지급 여부만으로 생명보험이 더 좋다, 화재·손해보험이 더 좋다고 딱 잘라서 말할 수는 없지만, 각 보험의 장단점을 살펴본 뒤 장점만 골라 보험에 가입한다면 부족함 없는 보험에 가입할 수 있다. 개인적으로 수술보험금 관련해서는 화재·손해보험보다 생명보험이 더 뛰어나다고 생각하고 있다(실손의료비 특약이 아니라 정액형 질병·재해(상해)수술보험금을 의미).

2) 재해상해특약으로 추간판탈출증(디스크)에 대해서도 보상받을 수 있다?

주변에 허리 디스크로 고생하는 사람들이 참 많다. 어떤 이는 수술을 받고 그나마 나았다고 하기도 하고, 어떤 이는 수술은

최후의 선택이기 때문에 한의원 침 치료나 도수치료 등을 받으면서 꾸준히 운동하는 게 좋다고 이야기하기도 한다.

위에 언급한 치료(수술, 침치료, 도수치료)들의 경우 보험금 지급이 가능하다는 점을 모르는 사람은 거의 없다. 수술의 경우 생명보험이나 화재·상해 보험의 정액형 질병수술비에 가입이 되어 있다면 당연히 정해진 보험금을 받을 수 있고, 실손의료비보험에 가입이 되어 있다면 당연히 입원이나 통원의료비를 받을 수 있다.

그러나 재해상해특약으로도 디스크 관련 보험금을 받을 수 있다는 점은 잘 모르는 분들이 많다. 퇴행성으로 인한 디스크(질병으로 인정)의 경우에는 보장되지 않지만, 사고로 인해 발생한 디스크(추간판탈출증)의 경우에는 일정 기간이 지난 후에도 후유증상이 남은 경우 재해장해 보험금을 충분히 지급 받을 수 있다.

6. 척추(등뼈)의 장해

가. 장해의 분류

장해의 분류	지급률
1) 척추(등뼈)에 심한 운동장해를 남긴 때	40
2) 척추(등뼈)에 뚜렷한 운동장해를 남긴 때	30
3) 척추(등뼈)에 약간의 운동장해를 남긴 때	10
4) 척추(등뼈)에 심한 기형을 남긴 때	50
5) 척추(등뼈)에 뚜렷한 기형을 남긴 때	30
6) 척추(등뼈)에 약간의 기형을 남긴 때	15
7) 심한 추간판탈출증(속칭 디스크)	20
8) 뚜렷한 추간판탈출증(속칭 디스크)	15
9) 약간의 추간판탈출증(속칭 디스크)	10

생명보험의 재해상해특약 약관을 보면 7, 8, 9번 항목이 추간판탈출증(속칭 디스크) 관련된 부분으로 정도에 따라(심한, 뚜렷한, 약간의) 20, 15, 10%의 비율로 보험금이 지급된다. 재해상해특약을 1억원 가입했을 경우 2,000만원, 1,500만원, 1,000만원의 보험금이 지급된다는 것인데, 사고 관여도 등도 고려하기 때문에 실제 지급되는 보험금은 이보다는 적을 수 있다.

주의할 점은 퇴행성으로 증상이 오랫동안 천천히 발생하여 심해지는 경우는 질병으로 구분되기 때문에 재해상해특약의 보험금 지급대상이 아니라는 점이다. 우발적인 외래적 사고(물건을 들다가 또는 운동하다가 등)를 원인으로 한 통증이 나아지지 않고 악화되는 경우에는 충분히 재해로 인한 추간판탈출증으로 보험금을 받을 수 있다.

디스크 진단은 CT나 MRI검사로 확진이 되어야 하며, 의학적으로 인정할만한 하지방사통이나 감각의 이상이 있어야만 최소한 약간의 추간판탈출증으로 인정받을 수 있다.

9) 심한 추간판탈출증(속칭 디스크) : 추간판탈출증(속칭 디스크)으로 인하여 추간판을 2마디 이상 수술하거나 하나의 추간판이라도 2회 이상 수술하고 마미신경증후군이 발생하여 하지의 현저한 마비 또는 대소변의 장해가 있는 경우

10) 뚜렷한 추간판탈출증(속칭 디스크) : 추간판 1마디를 수술하여 신경증상이 뚜렷하고 특수 보조검사에서 이상이 있으며, 척추신경근의 불완전 마비가 인정되는 경우

11) 약간의 추간판탈출증(속칭 디스크) : 특수검사(뇌전산화단층촬영(CT), 자기공명영상(MRI) 등)에서 추간판 병변이 확인되고 의학적으로 인정할 만한 하지방사통(주변부위로 뻗치는 증상) 또는 감각 이상이 있는 경우

12) 추간판탈출증(속칭 디스크)으로 진단된 경우에는 수술여부에 관계없이 운동장해 및 기형장해로 평가하지 않는다.

만약 허리 통증과 허리 아래쪽으로 저린 증상 및 통증이 있어서 병원에 갔는데 의사가 엑스레이 촬영만 권한 뒤 아무렇지도 않게 '디스크'라고 얘기한다면, 반드시 추가적인 MRI검사나 CT촬영을 요구한 뒤 정확히 진단을 다시 받아야 한다. 실제로 일부 의사들의 경우에는 간단한 엑스레이 촬영만 한 뒤 결과를 설명하면서 대수롭지 않게 "주사만 맞으면 된다"고 얘기하는 경우가 있는데, 이럴 경우 CT나 MRI검사를 통해 확진된 추간판탈출증이 아니기 때문에 수술보험금만 받게 되며 재해상해보험금은 받을 수 없다.

알면 받고 모르면 못 받는 재해상해보험금, 제대로 알고 받자!

몰라서 못 받을 확률이 높은 보험금 3

1) 가족일상생활 배상책임보험의 놀라운 혜택

보험에 가입하는 가장 큰 이유는 본인에게 닥칠 수 있는 질병·사고 등의 위험으로부터 도움을 받기 위함이다. 이 때문에 보험혜택을 받는 사람을 피보험자라고 하여 계약의 주체가 되어 보험료를 납입하는 계약자, 보험금 지급의 주체가 되는 수익자와 별도로 구분하고 있다.

하지만 자신이 가입한 화재보험·손해보험상품에 자신을 위한 보험금이 아니라 제삼자를 위한 보험금 지급 특약이 있다는 것을 아는 사람은 별로 없다. 그것은 바로 생활배상책임보험이다.

생활배상책임보험은 피보험자의 범위에서 크게 3가지로 구분된다.

① 일상생활배생착임보험

② 자녀일상생활배상책임보험

③ 가족일상생활배상책임보험

먼저 일상생활배상책임보험이란 피보험자(가해자)가 타인(피해자)에게 인명이나 재산상의 피해를 입히면서 발생한 법률상 배상책임에 따른 손해를 보상하는 보험이다. 본인의 실수로 인해 발생한 피해는 물론 본인의 자녀나 애완견 등이 타인에게 피해를 입혔을 경우와, 주택관리 부주의로 수도관이 터지거나 화재로 아래층, 옆집에 피해가 발생한 경우에도 보상이 가능하다. 보험혜택을 받을 수 있는 범위는 보험증권에 기재되어 있는 피보험자 본인과 배우자, 자녀도 보장을 받을 수 있지만, 만 13세 이상의 자녀는 보험혜택을 받을 수 없다.

자녀일상생활배상책임보험은 피보험자 본인과 자녀만 보험혜택을 받을 수 있으며, 만 13세 이후의 자녀도 보험혜택을 받을 수 있으며, 부모와 함께 살고 있지 않은 자녀들의 경우에도 보험혜택을 받을 수 있다.

가족일상생활배상책임보험은 가장 피보험자의 범위가 넓은 것으로 일상생활배상책임보험, 자녀일상생활배상책임보험의 피보험자를 모두 포함하고 있으며, 본인이나 배우자, 자녀 이외에도 생계를 같이하며 주민등록상 동거 중인 8촌 이내의 친인척 등도 피보험자로 인정되어 보험혜택을 받을 수 있다. 하지만 자녀의 경우에는 반드시 부모와 생계를 같이 해야 한다는 제한이 있다.

7-1. 가족일상생활중배상책임보장 특별약관

제1조(보상하는 손해)

① 회사는 피보험자가 이 특별약관의 보험기간 중에 아래에 열거한 사고(이하 「사고」 라 합니다)로 피해자에게 신체의 장해에 대한 법률상의 배상책임(이하 「대인 배상책임」 이라 합니다) 또는 재물의 손해에 대한 법률상의 배상책임(이하 「대물 배상책임」 이라 합니다)을 부담함으로써 입은 손해(이하 「배상책임손해」 라 합니다)를 이 특별약관에 따라 보상합니다.

1. 피보험자가 주거용으로 사용하는 보험증권에 기재된 주택(부지내의 동산 및 부동산을 포함합니다. 이하 「주택」 이라 합니다)의 소유, 사용 또는 관리로 인한 우연한 사고
2. 피보험자의 일상생활(주택 이외의 부동산의 소유, 사용 및 관리를 제외합니다)로 인한 우연한 사고

위와 같은 생활배상책임보험은 단독으로는 가입이 안 되며, 보통 화재·손해보험상품을 가입할 때 특약의 형태로 포함해 가입하는데, 보통 가입금액 1억원에 자기부담금 20만원 조건으로 가입된다(상대방의 신체나 재산 등에 피해를 입혔을 때 1억원 한도 내에서 자기부담금 20만원을 제외한 금액을 전액 보상).

예를 들자면… 내 조카의 경우 2년 전 아는 분의 집에 방문, 골프공을 가지고 놀다가 거실의 유리문을 파손한 적이 있다. 견적만 300만원이 나올 정도로 큰 손해였다. 다행히 아무도 다치지 않았고 조카의 엄마가 가입한 의료실비보험상품에 가족일상

생활배상책임특약이 포함되어 있어서 자기부담금 20만원을 제외한 수리비 280만원을 보험으로 처리할 수 있었다.

한 가지 주의할 점은 생활배상책임보험은 장소, 피보험자 범위, 동거 여부 등, 인정되어야 하는 보험금 지급 관련 여러 조건이 까다롭기 때문에 잘 알지 못하는 상태에서 쉽게 보험금을 청구하기에는 위험성이 따른다는 점이다. 따라서 보험금 청구 사유가 발생했을 때 담당설계사에게 먼저 상황을 설명한 뒤 보험금을 청구하는 게 좋다.

1억원 한도로 가입할 때 월 보험료는 1,000원 미만이며, 몇몇 보험사의 경우 비갱신형(20년납, 100세만기)으로도 판매하고 있기 때문에 잘 알아보면 훨씬 뛰어난 가성비의 가족일상생활배상책임보험에 가입할 수 있다. 절대 놓치지 않기를….

2) 요로결석으로 인한 체외충격파쇄석술도 보험금 청구가 된다?

세상에는 인간이 느낄 수 있는 극한의 고통이 3가지 있다.

출산의 고통
불에 타는 고통
그리고… 신장·요로 결석으로 인한 고통

위 세 가지 고통 중 실제 출산을 경험한 여성들의 경우 신장·요로결석으로 인한 고통을 최고로 꼽을 정도로 요로결석 고통은 최고 중의 최고라고 할 수 있다. 나 역시 지난해 신장결석이 재발생하여 응급실도 가고, 비뇨기과에서 체외충격파쇄석술을 총 3차례 받은 끝에 몸 안의 결석을 몸 밖으로 내보낼 수 있었는데… 그 고통은 정말이지 말로 표현할 수 없다(직접 경험해보는 수밖에).

그나마 그러한 고통을 참아낼 수 있었던 힘이 되어 준 것은 다름 아닌 보험금이었다. 신장이나 요로결석으로 인해 받는 치료는 보험금 청구가 가능하기 때문이다.

먼저, 실손의료비보험에 가입되어 있다면 통원의료비 한도(25만원)에서 본인부담금(1/1.5/2 만원)을 제외한 나머지 금액을 돌려받을 수 있다. 병원에 따라 다르겠지만 내가 치료받았던 비뇨기과의 경우 최초 1회 충격파쇄석술 비용은 약 25만원 정도였고, 2회째부터는 절반으로 비용이 줄어들었다. 나 같은 경우에는 종신보험에 정액형 수술특약(총 2개)이 포함되어 있었고 실손의료보험도 가입되어 있었기 때문에 60만원의 정액보상 수술비와 23만원 정도 되는 실손의료비보험금을 받을 수 있었다.

87. 체외충격파쇄석술(體外衝擊破碎石術, E.S.W.L) [수술개시일부터 60일 이내 2회 이상의 수술은 1회의 수술로 간주하여 1회의 수술보험금을 지급하며 이후 동일한 기준으로 반복 지급이 가능합니다.] * 체외충격파치료술(E.S.W.T)은 제외	2종

보통 몸 안에 있는 돌이 단 한 번의 충격파쇄석술로는 전부 부수어지지 않고 남아있는 경우가 많기 때문에 최초 시술일로부터 2주 정도 지나 경과를 본 뒤 돌이 남아 있을 경우에는 충격파쇄석술을 다시 받는 데 이럴 경우 생명보험의 수술보험금은 지급되지 않다. 그 이유는 "수술개시일부터 60일 이내 2회 이상의 수술은 1회의 수술로 간주하여 1회의 수술보험금을 지급한다"는 약관의 내용 때문이다. 하지만, 60일 이후에는 다시 수술보험금이 지급된다.

나의 경우에는 첫 번째 쇄석술로도 돌이 남아있어서 2주 뒤 다시 쇄석술을 받았고, 60일 이내 예외조항에 해당되었기 때문에 생명보험의 수술비는 청구하지 않고 의료실비만 청구하였다. 그리고 2개월 뒤 다시 내원하여 최종 검사를 받았는데도 아직 돌 조각이 남아있어 한 번 더 쇄석술을 받았고 이때는 최초 수술일로부터 60일이 지난 시점이었기 때문에 다시 생명보험의 수술보험금을 받고 의료실비보험금도 받을 수 있었다.

결석은 정확한 원인도, 마땅한 치료법 및 예방법도 없다고 한다. 한 번 생기는 사람은 나중에 또 생길 확률이 높기 때문에 2년에 한번씩은 검사하는 게 좋다는 게 내가 치료받은 비뇨기과의사의 말이었다.

만약 당신에게 가장 극심한 고통인 신장·요로결석이 찾아온다면, 보험금 받을 거 생각하면서 이 악물고 버티기를… 건투를 빈다!

3) 외국에서 수술 및 입원을 해도 보험금 받을 수 있다?

"해외에 나가서 수술받아도 보험금 받을 수 있나요?"
"해외여행 하다가 입원하면 보험금 받을 수 있나요?"

생명보험이나 화재보험의 보장성보험 상담을 진행하다 보면 이와 같은 질문을 자주 받는다. 여행이나 해외 근무 중에 갑작스럽게 맹장이 터져서 병원에 입원하여 수술을 받거나, 해외 여행지에서 휴양을 즐기다가 넘어지면서 팔 골절상을 입어 현지에서 골절수술 및 입원을 하는 경우는 흔하지는 않지만 종종 발생하고 있다.

결론부터 말하자면 '보험금 받을 수 있다'이다.

단, 상품의 종류와 어떻게 가입하느냐에 따라 해외에서도 보장이 될 수도 있고 안 될 수도 있기 때문에 몇 가지 조건을 확인해 봐야 한다.

① 생명보험이나 화재보험의 보장성보험에 정액보상형 수술보험금, 입원보험금 특약이 포함되어 있으면 OK.

생명보험상품과 화재·손해보험상품을 가입할 때 수술보험금, 질병수술비, 상해수술비나 입원보험금, 질병·상해 입원비 등을 특약의 형태로 선택하여 가입하였다면, 해외에서 발생한 질병 또는 사고(재해·상해)가 원인이 되는 수술 및 입원도 국내로 돌아와 보험금 청구가 가능하다.

제 3 조 【 수술의 정의와 장소 】

① 이 특약에 있어서 "수술"이라 함은 의사, 치과의사 또는 한의사의 자격을 가진 자(이하 "의사"라 합니다)가 정하는 질병 또는 재해(이하 "질병 또는 재해"라고 합니다)로 인한 치료를 직접목적으로 필요하다고 인정한 경우로서 의료법 제3조(의료기관)에서 정한 국내의 병원이나 의원 또는 국외의 의료 관련법에서 정한 의료기관에서 의사의 관리하에 수술을 받는 경우를 말합니다.

먼저 생명보험상품의 수술보험금 약관을 들여다보면 제3조 수술의 정의와 장소 제1항에 "질병 또는 재해로 인한 치료를 직접 목적으로 필요하다고 인정한 경우로서 의료법 제3조(의료기관)에서 정한 국내의 병원이나 의원 또는 국외의 의료관련법에서 정한 의료기관에서 의사의 관리하에 수술을 받는 경우를 말한다"고 명시되어 있다.

질병이나 사고로 인해 수술을 받을 경우 국 병원이건 해외병원이건 간에 보험이 정상적으로 유지되는 동안에는(실효상태 제외) 수술보험금 적용을 받을 수 있다는 뜻이다. 해외병원에서 퇴원할 때 수술 또는 입원하였다는 것을 확인할 수 있는 병원 서류를 발급받아 귀국 후 보험회사에 제출하면 해당 수술명에 맞는 정액보상형 수술보험금을 받을 수 있다.

화재보험·손해보험에 가입할 때도 질병·상해 수술비를 선택할 수 있는데 이 경우에도 생명보험과 마찬가지로 보험금을 받을 수 있다.

제3조(수술의 정의와 장소)

① 이 특별약관에서 「수술」이라 함은 병원 또는 의원의 의사의 자격을 가진 자(이하 「의사」라 합니다)에 의하여 「질병수술」이 필요하다고 인정된 경우로서 자택 등에서 치료가 곤란하여 의료기관에서 의사의 관리 하에 치료를 직접적인 목적으로 의료기구를 사용하여 생체(生體)에 절단(切斷), 절제(切除) 등의 조작(操作)을 가하는 것을 말합니다.

② 제1항의 「수술」에는 보건복지부 산하 신의료기술평가위원회 【향후 제도 변경시에는 동 위원회와 동일한 기능을 수행하는 기관】 로부터 안전성과 치료효과를 인정받은 최신 수술기법을 포함합니다. 단, 흡인(吸引), 천자(穿刺)등의 조치 및 신경(神經)차단(NERVE BLOCK)은 제외합니다.

③ 제1항에서 의료기관이라 함은 의료법 제3조(의료기관) 제2항에 정한 국내의 병원 또는 이와 동등하다고 회사가 인정하는 국외의 의료기관을 말합니다.

화재보험·손해보험상품의 질병수술비 약관을 들여다보면 제3조(수술의 정의와 장소) 중 제3항 "의료기관이라 함은 의료법 제3조(의료기관) 제2항에 정한 국내의 병원 또는 이와 동등하다고 회사가 인정하는 국외의 의료기관을 말한다"라고 되어있는 것을 확인할 수 있으며, 이 또한 생명보험 수술보험금과 마찬가지로 해외에서 발생한 수술이나 입원의 경우에도 국내로 돌아와서 병원 서류를 첨부할 경우 보험금 청구가 가능하고, 보험금도 지급된다는 뜻이다. 그리고 입원비의 경우에도 마찬가지이며, 국내에서 암, 성인병 등이 보장되는 건강보험, 종신보험 등을 가입한 후 해외에서 암, 성인병(뇌출혈, 급성심근경색 등)으로 진단을 받고 치료를 할 경우에도 국내로 들어와서 보험금 청구가 가능하다.

② 출국 전에 해외여행자보험에 가입하였다면 중복보상 가능

해외로 떠나기 전에 해외여행자보험(유학생의 경우 유학생보험 등)을 미리 가입하였다면 해외에서 발생한 치료비에 대해 여행자보험의 질병·상해 보험금 한도 내에서 실손 보상 받을 수 있으며, 수술이나 입원 등을 증명할 수 있는 서류를 발급받을 경우에는 생명보험이나 화재·손해보험의 정액보상형 수술비, 입원비도 받을 수 있다.

그리고 국내에서 의료실비보험에 가입하였다면 해외에서 발생한 질병·사고의 치료를 국내로 돌아와서 국내 의료기관에서 치료를 받을 경우에 실비보험금 청구가 가능하지만, 해외 현지에서 치료한 내용에 대해서는 의료실비보험금 청구가 불가능하다. 이는 의료실비보험(실손의료비 특약) 약관에도 명시되어 있다.

12. 「국민건강보험법」 제42조의 요양기관이 아닌 외국에 있는 의료기관에서 발생한 의료비

손해보험·화재보험의 갱신형 실손의료비 특약 약관을 보면 제3관 회사가 보상하지 않는 사항의 제4조(보상하지 않는 사항) 중에는 “국민건강보험법 제42조의 요양기관이 아닌 외국에 있는 의료기관에서 발생한 의료비”는 보상하지 않는다고 명시되어 있다. 즉, 해외에서 발생한 질병·사고에 대해서는 국내로 돌아와 치료받을 경우에만 의료실비보험금 청구가 가능하다는 뜻이다.

이처럼 모든 경우 보험 적용을 받을 수 있는 게 아니라 어떤 보험을 어떻게 가입하였는지에 따라 보험금이 지급될 수도 안 될 수도 있으며, 중복보상이 가능할 수도 불가능할 수도 있으므로 잘 따져보고 살펴본 뒤 보험에 가입해야 몰라서 보험금을 못 받는 일을 막을 수 있다.

5장

더 알아도
좋은 것들

아는 사람 통해 가입해 놓은 보험을 맹신하지 마라

"나실제 괴로움 다 잊으시고
기르실 때 밤낮으로 애쓰는 마음
진자리 마른자리 갈아 뉘시고
손발이 다 닳도록 고생하시네"

어머니 은혜의 가사처럼 자식을 위해 무엇이라도 할 수 있는 부모님들은 자녀 모르게 보험에 한두 개 가입해 놓는 경우가 많다. 주로 보험회사 다니는 OO엄마를 통하는 경우가 대부분이다. 문제는 너무 잘 아는 분이라 설명만 듣고 덜컥 가입한 뒤 '아는 사람이니깐 잘 해줬겠지'라고 생각하기 일쑤다. 문제는 가입을 권유한 설계사가 올바른 생각을 가지지 않고 무조건 실적만 올리기 위해 지인들을 상대로 '하나 해 영업'을 하는 경우이다. 이렇게 가입한 보험은 대부분 꼼수보험이라는 거….

실제 있었던 일을 예로 들어보겠다. 어느 가정의 어머니께서는 초등학교 교사를 하면서 90년도에 D생명에 다니는 학부모로부터 암 보험이 필요하다는 말만 듣고 가입하였다. 그러다가 94년 유방암 판정을 받았는데 가입해 놓았던 암보험으로 진단금을 받아 필요한 치료비를 충당하였다. 그렇게 암으로부터 벗어났다고 생각하던 2003년 어느 날, 다른 부위의 암이 재발하였고, 가족들은 치료비를 다시 한번 보험회사에 요구하였지만 돌아오는 대답은 안 된다는 것이었다. 이유인즉슨 계약자가 가입한 보험은 암진단금만 1회 지급하는 보험으로 재발이나 전이에 대한 보장은 받을 수 없다는 것이었다. 말 그대로 일회용 암보험이었던 셈이다. 다행히 교사 일을 하면서 고금리 시대에 자식들을 위해 저축도 해 놓아 치료비를 포함 장례비까지 충당할 수 있었지만, 만약 제대로 된 설계사로부터 충분한 설명을 들은 뒤 제대로 보험에 가입했더라면, 최소한 암수술비나 암입원비, 항암방사선약물치료비 등도 보상받고 그동안 소중히 저축해 온 돈을 지킬 수 있었을 것이다.

위 이야기는 다른 사람도 아닌 내가 직접 겪은 일이다. 바로 우리 가족의 이야기이다. 그렇기에 누구보다도 잘못된 보험의 위험성을 잘 알고 있고, 더 많은 사람들에게 알리기 위해 노력하고 있다. 부모님이 보험을 대신 가입해 놓았다고요? 부모님께 어떤 보장을 받을 수 있는지 아느냐고 한번 질문해 보라. 그리고 직접 보험증권을 확인하고 잘 모르겠다면 전문가에게 분석을 의뢰하라. 그렇지 않으면 내가 겪은 일을 당신도 겪을지도 모른다.

너무 저축에만 올인하지 마라

돈은 왜 필요할까? 대다수의 사람들은 남들보다 잘 살기 위해서, 살아가는 데에 불편함이 없기 위해서, 그리고 원하는 삶을 살기 위해 돈을 모으려고 한다. 그래서 새내기 직장인들이 가지고 있는 가장 시급한 과제는 돈 모으기, 재테크 등이라고 한다.

돈, 물론 필요하다. 우리가 원하는 것을 하기 위해서 반드시 필요하다. 그래서 사람들은 월급의 일부를 저축하거나 투자하여 돈을 불려 나가고 있다. 하지만 너무도 중요한 한 가지를 간과하는 경향이 강하다. 바로 우리 삶의 안전장치를 소홀히 생각하는 것이다.

힘들게 10년 동안 3억이라는 돈을 매월 적금과 펀드투자 등을 통해 모았다고 가정해보겠다. 자신이 목표로 했던 돈을 모았을 때의 그 기쁨은 말로 다 할 수가 없다. 그러다 언제부턴가 몸이 안 좋아져서 병원에 가게 되었고, 의사로부터 대장암이라는 판정을 받았다. 다행히 말기까지는 아니기 때문에 수술과 치료, 그리고 꾸준한 관리를 한다면 회복할 수 있다고 한다. 그런데 10년 동안 돈을 모으는 데만 급급한 나머지 내 몸을 지키는 안전장치를 준비하지 못했다. 어쩔 수 없이 힘들게 모았던 3억원으로 수술비, 치료비를 충당하고, 회복하기까지 일을 못 하여 생활비 등도 충당하고 나니 1년 후 수중에 1억원밖에 남지 않았다.

만약 제대로 된 보험을 미리 준비하였다면 어떻게 되었을까? 힘들게 모은 3억원이라는 돈을 사용하지 않고도 수술비, 치료비, 생활자금까지 마련할 수 있었을 것이다.

사상누각(沙上樓閣), 모래 위에 세워진 누각이라는 뜻으로, 기초가 튼튼하지 못하면 곧 무너지고 만다는 것을 일깨워주는 고사성어이다. 어떤 건물을 짓든지 기초를 튼튼히 하기 위하여 지질을 검사하고, 그 검사의 결과 여부에 따라 건물을 세울지를 판가름하는데, 지반이 약하다면 흙을 다지고 자갈을 깔아서 튼튼하게 만든 후에 주춧돌을 세워야 한다. 만약 모래 위에 누각을 세운다면 그 건물은 채 완성되기도 전에 조그마한 충격도 견디지 못하고 무너질 것이 뻔하다.

우리의 인생을 한 채의 집을 세우는 과정이라고 생각한다면 보험은 철골구조를 세우고 벽돌을 쌓기 전에 반드시 다져 놓아야 하는 기초라고 할 수 있다. 기초를 무시하고 집을 세우는 데에만 올인하여 벽돌을 쌓고 철골구조를 세우다가 지진이라도 난다면 어떻게 될까? 그동안 쌓아 온 건물이 무너지는 것은 물론이고 인명피해마저도 발생할 수 있다.

보험에 대해 별생각이 없는 여러분, 그중에서도 보험가입은 남의 일로만 생각하고 저축에만 올인하는 분들에게 고한다. 너무 저축에만 올인하지 마라!

여행 전에 해외여행자보험은 반드시 가입하라

휴가철, 각종 연휴가 다가오면 인천국제공항과 김포국제공항은 해외로 떠나는 사람들로 인해 인산인해를 이룬다. 적게는 몇만 명, 많게는 수십만 명이 비행기를 타고 국내 의료법이 적용되지 않는 해외로 떠난다. 이러한 사람들 중 여행자보험에 가입하고 떠나는 사람은 과연 얼마나 될까? 여행사를 통한 패키지 또는 단체여행의 경우에는 해외여행자보험이 여행비용에 포함되어 있지만, 개인 여행자의 경우에는 대수롭지 않게 생각하고 그냥 떠나는 경우가 많다. 보험 일을 시작하기 전에는 나도 그러했으니까.

해외여행자보험은 보험료 대비 가성비가 뛰어난 보험상품으로 해외여행을 출발하기 전에 반드시 가입해야 하는 필수사항이다.

해외여행자보험은 여행 시작일부터 귀국일까지 발생할 수 있는 다양한 위험(사망, 사고, 질병, 도난 등)으로부터 보호받을 수 있는 보험이다.

※ **보장 및 보험조건 – 유형1/F**

보장	화폐	1인당 보상한도액	보험료	부가조건
상해사망· 후유장해 (해외여행중)	원	200,000,000	2,400	
질병치료실비 (해외발생)	원	20,000,000	2,784	
상해의료실비 (해외발생)	원	20,000,000	1,120	
질병사망	원	20,000,000	58	
일괄배상 (해외여행중)	원	20,000,000	31	* 자기부담금 10,000
휴대품손해	원	300,000	909	* 자기부담금 10,000
특별비용	원	10,000,000	26	
항공기납치위로금	원	1,400,000	33	
기본형_선택형(II) 상해의료실비 (국내발생 입원)	원	20,000,000	180	
기본형_선택형(II) 질병의료실비 (국내발생 입원)	원	20,000,000	109	
기본형_선택형(II) 상해의료실비 (국내발생 외래)	원	200,000	52	
기본형_선택형(II) 상해의료실비 (국내발생 처방조제)	원	100,000	2	
기본형_선택형(II) 질병의료실비 (국내발생 외래)	원	200,000	78	

여기서 잠깐. '나는 실비보험 있는데 굳이 가입할 필요가 있을까?' '내 생명보험은 해외에서 수술해도 돈 나온다고 했는데?'라는 생각을 하며 해외여행자보험 가입을 생각하지 않는 사람들도 있다. 그렇지만 해외여행자보험이 필요한 이유는 따로 있다.

1) 해외 현지에서 발생한 질병·사고 치료비 보장

국내에서 가입한 실비보험의 경우에는 어디까지나 국내에서 발생한 질병·사고 치료비에 한해서만 보상받을 수 있고, 해외에서 발생한 건은 보상받지 못하게 되어있다. 해외에서 발생한 질병·사고 치료를 국내로 돌아와서 받을 경우에는 국내 실비보험의 혜택을 받을 수 있지만, 상태가 위중한 경우 어쩔 수 없이 해외 현지 병원에서 입원 또는 통원 치료를 받아야 하는데 이럴 때 필요한 것이 해외 여행자보험이다. 해외여행자보험은 해외여행 중 발생한 질병 또는 상해(사고)로 인해 해외의료기관에서 치료를 받을 경우에도 실제 지출한 병원비를 보험가입 한도 내에서 전액 보상받을 수 있다.

보장내용

담보사항	지급사유
사망후유장해_해외여행중 상해	보험기간 중에 해외여행을 목적으로 주거지를 출발하여 여행을 마치고 주거지에 도착할 때까지의 여행도중에 발생한 상해의 직접결과로써 사망하거나 장해상태가 된 경우 가입금액 한도내 보상
해외여행중상해_후유장해	보험기간 중에 해외여행을 목적으로 주거지를 출발하여 여행을 마치고 주거지에 도착할 때까지의 여행도중에 발생한 상해의 직접결과로써 장해상태가 되었을 때 가입금액 한도내 보상
상해_해외발생의료실비	해외여행 중에 입은 상해로 인하여 해외의료기관에서 의료비 발생시 가입금액 한도내 보상
질병_해외발생의료실비	해외여행 중에 질병으로 인하여 해외의료기관에서 의료비 발생시 가입금액 한도내 보상
질병사망 및 질병80%이상후유장해	해외여행 중에 발생한 질병을 직접원인으로 하여 보험기간중 또는 보험기간 마지막날로부터 30일 이내에 사망하거나 후유장해의 지급률이 80% 이상의 후유장해가 남았을 경우 가입금액 보상
해외여행중배상책임	해외여행 중에 생긴 우연한 사고로 타인의 신체의 장해 또는 재물의 손해(재물의 없어짐, 손상 및 망가짐을 말합니다)에 대한 법률적인 손해배상책임을 부담함으로써 입은 손해를 가입금액 한도내 보상
휴대품손해	해외여행 중에 생긴 우연한 사고에 의하여 보험의 목적에 입은 손해를(ex.도난, 파손) 가입금액 한도내 보상 (단, 보험의 목적의 1개 또는 1조, 1쌍에 대한 보험금 20만원 한도 및 자기부담금 1만원 공제)
항공기납치	항공기가 납치되어 도착예정시간에서 12시간 이상 경과될 경우 (1일당 7만원, 20일 한도)
특별비용	해외여행 중에 조난되거나, 상해나 질병을 원인으로 사망하거나 14일이상 계속 입원한 경우 수색구조비용, 구원자의 항공운임등 교통비 및 숙박비, 사망한경우 이송비용, 기타 제잡비를 보상 가입금액한도내보상

국내에서 가입한 생명보험(종신보험 또는 건강보험 등)의 경우 해외에서 발생한 수술, 입원 등을 보장해주긴 하지만 어디까지나 약관상에 명시되어 있는 정액수술비 및 정액입원비이기 때문에 실제 발생한 병원비용보다 적은 금액의 보험금을 받을 수밖에 없다. 검사비 등이 보장되지 않는 것은 당연하다.

보험금 지급사례

수술보험금이 포함되어 있는 종신보험, 실비보험에 가입되어 있던 L고객은 최근 괌으로 가족여행을 떠나기 전에 해외여행자보험에 가입하였다. 그리고 괌 현지 리조트 욕실에서 넘어지면서 욕조에 왼쪽 가슴을 부딪히는 사고가 발생했는데 통증이 심해 현지 응급센터에 내원하여 진찰한 결과 왼쪽 갈비뼈에 실금이라는 진단을 받고 약을 처방받았다. 국내로 돌아올 때 사전에 해외병원 영수증, 의무기록사본 등을 발급받아 왔기 때문에 여행자보험금 청구를 하였고, 해외에서 지출한 병원비 전액(35만원가량)을 보험금으로 받았다.

만약 L고객이 종신보험과 실비보험만 믿고 해외 여행자보험에 가입하지 않은 채 괌으로 떠났다면 당연히 괌 현지 응급실 및 검사비용에 대해 보험금을 지급받지 못했을 것이다. 통증이 더욱 심해졌을 경우에는 치료비가 얼마가 나올지 걱정하며 현지 병원에서 치료를 받았거나, 통증을 참으며 귀국 일정을 앞당겨 돌아와 국내병원에서 치료를 받아야 했을 것이다.

기분 좋은 여행의 시작, 중간, 끝을 위해서라도 해외 여행자보험은 필수이다.

2) 해외에서 발생한 도난, 파손, 배상책임 등도 보상

해외여행 중 소지품을 도난당하거나, 우연한 사고에 의해 파손된 경우에도 보상받을 수 있다. 단, 도난 또는 파손된 휴대품의 원래 가격을 보상해주는 것이 아니라 중고가격으로 보험가입금액 한도 내에서 보상받으며, 자기부담금 1만원을 제한 나머지 금액이 보험금으로 지급된다.

또한 해외여행 중 제삼자에게 신체 또는 휴대품에 손해를 입힌 경우에도 자기부담금 1만원을 제한 금액을 가입금액 한도 내에서 보험금을 받을 수 있다.

> **보험금 지급사례**
>
> 나는 2년 전 방콕 시내에서 새로 산 지갑을 소매치기당한 적이 있다. 소매치기가 가방에서 지갑을 쏙 빼간 것이었는데 우선 근처 경찰서로 가서 사고 접수 후 폴리스 리포트를 발급받고 한국으로 돌아와 지갑 영수증을 첨부하여 보험금을 청구하였다. 역시 본인부담금을 제한 중고가격을 돌려받을 수 있었다. 당시 영국으로 신혼여행을 떠나면서 방콕을 경유하고 있던 중이었는데 해외여행자보험이 없었더라면 가장 행복해야 할 신혼여행 기간 내내 찝찝함을 면치 못했을 것이다.

이처럼 해외여행자보험은 '설마 나한테 그런 일이 일어나겠어?'라는 생각을 하는 사람에게 충분히 발생할 수 있는 위험으로부터 어느 정도 도움을 받을 수 있으며, 손해를 만회할 수도 있다. 그리고 무엇보다 여행의 기분을 망치는 것을 방지할 수 있다.

해외여행자보험 가입을 꺼리는 다른 이유로는 '보험료가 비싼 거 아니야?'라는 걱정이 있다. 하지만 보험료는 유럽 또는 미국처럼 먼 곳이거나, 여행 기간이 장기간(2주 이상)이 아닌 이상은 하루 당 5~7,000원(1인 기준) 정도만 부담한다고 생각하면 된다. 총 보험료를 여행일로 나눈다면 하루 보험료가 그리 비싸지 않다는 것을 확인할 수 있다. 하루 커피 한잔 정도의 비용으로 질병·사고는 물론 휴대품 도난 및 파손 등도 보장받을 수 있다면 해외 여행자보험에 가입하지 않을 이유가 없다. 가성비가 최고인 셈이니까.

이 밖에도 특정 특약을 선택하여 가입할 경우 항공기 결항 또는 지연(4시간 이상), 취소되었을 때, 수화물이 손실되었거나 지연 도착했을 경우 그로 인해 발생한 식대나 숙박비용을 보상받을 수 있지만, 그러한 상황이 발생할 경우 해당 항공사로부터도 어느 정도 보상을 받을 수 있기 때문에 굳이 여행자보험에 특약을 추가할 필요는 없다.

다시 한번 강조한다.
해외여행자보험은 꼭 가입하고 기분 좋게 여행을 떠나라!

경제적으로 어려울 때는 우선순위를 매겨서 보험을 정리하라

보험에 대해 공부하고, 꼼수보험설계사를 구분하는 방법을 열심히 익혀 제대로 된 보험에 가입하였다고 하더라도 꼭 보험을 오래 유지할 수 있는 것은 아니다. 세상을 살다 보면 여러 가지 일이 생길 수 있지만 누구에게나 쉽게 다가오는 위험은 바로 경제적인 어려움이다. 경제적으로 여유가 있을 때는 종신보험도 가입하고, 저축보험 및 연금보험도 가입할 수 있겠지만, 경제적인 어려움이 닥쳐오면 단 몇만원의 보험료가 나가는 것도 아깝다. 한 푼이라도 아껴야 하는데 보험은 무슨 보험이라고 생각하며 갖고 있던 보험을 정리(해지)하여 얼마 되지도 않는 해지환급금을 받아 필요한 곳에 쓸 수밖에 없다.

정말 심각한 경제적인 어려움이 닥친 경우에는 보험을 정리해서 급한 불부터 끄는 게 맞는 방법이겠지만, 단순히 카드값이 예상보다 많이 나온 경우이거나 집 또는 장기할부 플랜이 시작되어 생활이 쪼들리는 등의 일시적인 경제적 어려움이라면 보험해지를 하는 데는 반드시 우선순위를 매겨야 하며, 상품의 종류 및 특징에 따라서도 순위를 매겨야 한다.

1) 보장성보험을 해지할 경우: 가입한 지 오래된 보험보다는 최근에 가입한 보험을 정리

보장성보험(종신보험, 건강보험, 암보험, 의료실비보험 등)의 경우 과거에 판매된 상품들이 최근에 판매되고 있는 상품들보다 보장적인 측면이나 보험료 측면에서 더 뛰어나다는 점에 대해서는 이제 어느 정도는 이해하고 있을 것이다. 가입한 지 오래된 보험의 경우 최근에 가입한 보험보다 해지환급금이 많이 적립되어 있다는 점 때문에 보험해지라는 유혹에 쉽게 흔들릴 수 있지만, 일시적인 경제적 어려움을 만회하기 위해 억만금을 지불하여도 가입할 수 없는 좋은 보험을 해지하는 일은 언 발에 오줌 누기와도 같다. 당장 어려움을 해결할 수는 있지만, 새로운 보험에 가입하기에는 보험료도 인상되었고(연령증가 반영), 보장내용도 과거보다 나쁠 수밖에 없는 보험으로의 가입만 가능한 점 등, 장기적으로 보면 결코 좋기만 한 것은 아니다.

따라서 보장성보험을 정리할 때에는 가급적이면 최근에 가입한 상품 중에서 보장내용이 중복되는 보험을 우선 정리해야 하며, 보장내용이 중복되지 않는다면 가입 날짜를 비교하여 최근에 가입한 보험을 해지하는 것이 추가적인 보험가입을 위해 큰 돈을 쓰지 않아도 되는 좋은 방법이다.

2) 저축성 보험을 해지할 경우: 가입한 지 오래된 보험을 정리

저축성 보험의 경우는 얘기가 달라진다. 최근에 가입한 저축성보험보다는 가입한 지 오래된 보험을 정리하는 것이 좋다. 보장성보험과는 달리 저축성 보험에는 별다른 보장성 특약(수술비, 입원비, 암, 성인병 등)을 포함하지 않고 가입하는 경우가 많기 때문에 보장이 더 좋고 나쁘고를 생각할 필요가 없다. 저축성 보험의 경우 과거의 상품이나 최근 판매되는 상품이나 혜택 면에서 아주 큰 차이는 없으므로 나중에 다시 가입하여도 저축이라는 기능은 그대로 사용할 수 있다.

지금까지 저축성 보험상품들이 개정되어 온 모습을 살펴만 보더라도 자잘한 기능(납입중지 조건, 추가납입 사업비 등)이 바뀐 적은 있지만 저축이라는 큰 기능이 통째로 흔들리거나 변경된 적은 없다. 또한 보장성 특약들을 유지하는 데에 들어가는 사업비가 보장성보험에 비해 적을 수밖에 없기 때문에(기본 사망보험금 정도만 포함되어 있으므로) 해지환급금이 적립되는 속도도 보장성보험에 비해 월등히 빠를 수밖에 없다. 연수로 따지자면 저축성보험은 10년 또는 그 이내에도 납입원금의 100%

가까이 회복되지만, 보장성보험의 경우에는 최소 20년은 유지해야 납입원금의 90% 이상이 적립되는 모습을 보이고 있다.

따라서 저축성보험을 정리할 때에는 가입한 지 오래되어서 해지환급금이 충분히 적립된 상품을 골라 해지하는 것이 가입자에게 더 유리하며, 더 많은 해지환급금을 받을 수 있으므로 원금손실을 최소화하며 보험을 정리할 수 있다.

3) 최악의 경우에는 꼭 살려야 하는 부분만은 살리면서 부분해지

정말 한 푼이라도 아껴야 하는 경제적인 어려움이라면 보험을 아예 해지할 경우 당장 걱정은 면할 수 있지만, 한 푼이라도 아까운 시점에 큰 수술이나 입원, 또는 치료를 받을 일이 생긴다면 치료비를 마련하기 위해 대부업체의 도움을 받아야만 하는 상황에 놓일 수도 있다.

이처럼 정말로 최악의 경제적인 어려움이 닥친 상황이라면 보험내용을 분석 후 반드시 살려야 하는 부분만은 남긴 채 선택적·부분적으로 해지하여야 한다(해지환급금은 보험상품을 완전히 해지하지 않고 부분적으로 해지하더라도 부분 해지환급금이 지급되므로 어느 정도의 현금을 마련할 수도 있다).

각종 보장성특약(수술, 입원, 암 등)이 포함된 종신보험이나 건강보험 등의 생명보험상품의 경우에는 주계약(사망보험금) 가입금액을 최대한 줄이고, 수술비와 입원비, 암진단금이 보장되는 특약을 남긴 뒤 나머지 특약들은 모두 삭제(부분해지)하면 된다. 수술비와 입원비, 암진단금 특약의 경우 보험회사별로 약간의 차이는 있을 수 있지만 보통 시간이 지나면서 갱신형으로만 판매하는 경우가 많기 때문에 비갱신형 특약은 반드시 유지하는 것이 좋고, 암진단금의 경우에는 시간이 흐를수록 보장범위가 좁아지고 보장금액도 낮아지며, 연령증가에 따른 보험료 인상 폭이 상대적으로 높기 때문에 가급적이면 남겨 놓는 것이 좋다.

의료실비보험의 경우에는 단독형 실손의료비에 가입하지 않은 이상은 여러 가지 부수적인 특약들(골절·화상 진단금, 질병사망, 각종 수술비 및 각종 진단비 등)이 포함되어 있는 경우가 많으므로 어쩔 수 없이 유지되어야 하는 기본계약(상해후유장해 및 상해사망보험금)은 최대한 줄여서 유지하고, 의료실비특약(실손 의료비 특약)을 제외한 나머지 특약들은 모두 삭제하는 것이 좋다. 의료실비특약의 경우에는 상품이 개정될 때마다 보장내용이 눈에 띄게 나빠지는 경우가 많으므로 이전에 가입하였다면 반드시 유지해야 하며, 만약 월 보험료에 적립보험료도 포함이 되어있다면 최대한 줄여서 유지하는 것이 좋다.

이 밖에도 다양한 경우를 가정할 수 있겠지만 가장 현실적이고 발생할 확률이 높은 위험을 가정하여 설명하였다. 다시 한번 당부한다. 일시적으로 경제상황이 나빠졌다고 해서 보험해지를 너무 쉽게 결정하지는 말기 바란다. 꼭! 반드시 상황을 구분하고 우선순위를 매겨서 정리하기 바란다. 그래야 불필요하게 낭비될 보험료도 줄일 수 있고, 억만금을 들여도 가입할 수 없는 보험혜택도 지킬 수 있다.

저축과 보장을 같은 바구니에 담지 마라

달걀을 같은 바구니에 담지 말아라!

분산투자 관련하여 가장 유명한 원칙을 꼽으라면 달걀 바구니 원칙을 꼽을 수 있다. 자산을 하나의 방법에 집중하여 투자할 경우 위험이 닥쳤을 때 손해를 고스란히 입을 수 있기 때문에 위험성을 분산하는 분산투자가 중요하다는 의미인데, 이 원칙은 보험, 특히 보장성보험과 저축성보험 가입에도 적용할 수 있다.

보험설계사별로 생각이 다르고 영업방식도 다르기 때문에 다양한 방법으로 상품을 구성하여 보험가입을 권하고 있다. 그중에는 "저축과 보장을 하나의 상품가입만으로 동시에 해결할 수 있습니다"라고 강조하는 설계사들도 있는데, 이는 분산투자의 원칙을 적용한다면 상당히 위험한 상황에 놓이게 될 확률이 높다.

앞서 언급한 대로 경제적인 어려움이 닥쳤을 경우 우선순위를 매겨 보험을 해지해야 하는데, 보장성보험과 저축성보험을 따로 가입하여 유지하고 있는 경우에는 고민할 필요 없이 저축성보험 먼저 정리하면 되겠지만, 저축성보험에 보장성특약들을 포함해 가입한 경우에는 좀 더 상황이 복잡해진다.

1) 기본계약(주계약) 보험료를 줄이는 데는 한계가 있다

보장성보험의 주계약 최소보험료는 회사별로 약간의 차이는 있을 수 있지만 보통 3~4만원이다. 즉, 최대한 보험료를 3~4만원대까지 줄일 수 있다는 것인데 저축보험의 경우에는 이보다 최소보험료가 더 높기 때문에(5만원~10만원인 경우가 대부분) 보험료를 최대한 줄이기에는 분명한 한계점이 존재하여 제대로 된 부분해약 효과를 얻기 어렵다.

2) 보장성특약이 포함된 경우 해지환급금이 더 적게 적립되는 듯한 느낌이 든다

제아무리 저축과 보장이 합쳐진 보험이라 하더라도 해지환급금을 적립하는 데는 저축부분과 보장부분에 따라서 적립되는 금액 및 차감되는 사업비가 차이가 난다. 그에 따라 순수하게 저축을 목적으로 보장성특약을 선택하지 않은 채 가입한 저축성보험과 보장성 특약들이 포함되어있는 저축성보험의 해지환급금을 비교하면 당연히 전자의 경우가 더 많은 해지환급금이 적립될 수밖에 없다. 가입자로서는 같은 보험료를 냈음에도 불구하고 해지환급금이 더 적다는 사실을 받아들이기까지 상당한 시간이 걸리기도 한다.

이런 부분에 대해 미리 설명을 듣고 가입하였다면 그 충격이 덜하겠지만, 보통의 경우 굳이 이런 부분까지 설명하며 가입시키는 설계사들은 그리 많지 않다. 당연히 더 적은 해지환급금 때문에 보험을 해지하여 얻을 수 있는 효과도 줄어들 수밖에 없으며, 그렇다고 보장성특약을 포함한 저축성보험 자체를 모두 해지하기에는 정말로 필요한 보장(수술비, 입원비 등)까지 모두 사라져 버리기 때문에 쉽게 결정을 내릴 수도 없는 딜레마에 빠지게 된다.

보험은 만에 하나 닥칠 수 있는 위험(질병, 사고, 사망 등)으로부터 도움을 받기 위해 가입하는 것이다. 경제적인 어려움이 닥쳤을 때 손도 못 써보고 보험혜택 전체를 날려 버리거나, 이러지도 못하고 저러지도 못하는 곤란한 상황에 빠지지 않기 위해서라도 분산투자의 원칙, '달걀을 한 바구니에 담지 마라'를 꼭 명심해야 한다.

연금 받는 종신보험에 연연하지 마라

보험에 관심이 전혀 없는 사람을 만나서 보장성보험의 필요성을 설명하고 설득하는 것과, 연금 및 저축보험 가입 필요성을 설명하고 설득하는 것을 비교한다면 후자의 경우가 더 수월하다. 지금까지 아픈 적이 없었고 앞으로도 아프지 않을 것 같다는 생각으로 보장성보험 가입을 꺼리는 경우는 많지만, 경제활동을 하지 못 하게 될 경우 현재의 생활비를 마련하기 위해서라도 저축을 늘리거나 연금상품을 미리 가입해야 한다는 생각은 많이 하기 때문이다.

보험회사는 이러한 일반인들의 노후대비 욕구를 타깃으로 하여 연금 받는 종신보험이라는 상품을 개발하여 판매하고 있다. 취지는 '꼭 필요한 보장성보험도 가입하면서 동시에 연금도 받을 수 있는 좋은 보험을 소개합니다'이지만, 상품의 특징을 들여다보면 아주 새로운 보험도 아니고, 장점투성이인 보험은 더더욱 아님을 알 수 있다.

1) 연금 받는 종신보험은 새로운 보험이 아니다

종신보험상품에는 연금전환 기능이 기본적으로 탑재되어 있다. 납입기간을 마친 후 보험나이 45세 때부터 해지환급금을 연금으로 전환하여 받을 수 있는 기능이 바로 그것이다. 특히 국민연금처럼 사망할 때까지 연금을 받을 수 있는 종신연금을 선택할 수 있기 때문에 종신보험은 사망보험금도 반드시 지급되고, 연금으로도 사용할 수 있는 보험이다. 굳이 연금 받는 종신보험, 노후생활자금 받을 수 있는 종신보험이라는 식으로 전혀 새로운 상품인 것처럼 포장하여 광고하는 것은 어디까지나 일반인들을 현혹하기 위한 꼼수에 지나지 않다.

2) 연금을 받으면서도 갱신형 보험료는 계속 납입해야 할 수도 있다

모든 보험회사가 그런 것은 아니지만 TV 광고를 주로 하는 보험사들이 판매하는 연금 받는 종신보험의 경우에는 주요 보장성 특약들(수술, 입원, 암, 성인병 진단금 등)이 대부분 갱신형이다. 갱신형 특약의 위험성에 대해서는 앞서서 수차례 언급하여 잘 알고 있을 테지만 종신보험의 보험료 납입면제 사유(동일 원인으로 인해 50% 이상 장해 발생)에 해당하지 않는 이상은 갱신형 특약의 보험료는 특약의 보험기간이 종료되는 80세, 100세까지 계속 납입해야만 보험혜택을 받을 수 있다. 45세 이후 해지환급금을 연금으로 전환하여 사용하는 경우에도 갱신보험료는 계속 납입해야 한다는 점은 누차 강조해도 부족함이 없다.

보험회사는 이러한 점을 모르고 연금 받는 종신보험을 새로 출시하였을까? 보험설계사들은 기존 종신보험으로도 연금 전환이 가능하다는 점을 몰라서 연금 받는 종신보험을 판매하는 것일까? 절대 그렇지 않다. 이미 종신보험에 가입되어있는 사람이 연금을 받을 수 있다는 점에 혹해서 추가로 상품에 가입할 수도 있고, 또는 기존 종신보험을 해지 후 새로 나온 종신보험에 가입할 수도 있기 때문에 보험회사 입장에서는 당연히 이득이 될 수밖에 없다. 보험설계사의 경우에도 TV나 라디오를 통한 광고가 많이 나오는 보험이기 때문에 더 쉽게 판매할 수 있고 본인의 살림살이가 나아지는 데에 도움이 되므로 당연히 판매에 열을 올릴 수밖에 없다.

보장성보험이건 저축성보험이건 연금보험이건 보험의 종류를 막론하고 보험으로 인한 이득은 가입자에게 돌아가야 한다. 보험혜택도 가입자에게 제대로 돌아가야 한다. 하지만 일부 보험상품은 가입자에게 온전히 혜택이 돌아가는 보험은 절대 아니며, 그들이 말하는 것처럼 전혀 새로운 보험도 절대 아니다. 연금 받는 종신보험은 절대 새로운 개념의 보험이 아니다.

여성은 종신보험이 필요 없다는 설계사 말은 믿지 마라

"여성은 사망보험금 가입할 필요 없습니다. 종신보험도 보험료가 비싸기만 할 뿐 여성들에게는 도움이 되지 않는 보험이니까 화재보험상품으로 가입하세요!"

일부 꼼수설계사, 그중에서도 화재·손해보험상품 위주로 판매하는 설계사들은 여성고객을 만나 상담할 때 사망보험금은 필요 없다는 식으로 설명을 하곤 한다. 사망보험금은 가입자가 사망하였을 시 지급되는 보험금인데… 그렇다면 여성들은 죽지 않는 불사신이란 말인가?

'여성은 사망보험금이 필요 없다', '여성은 종신보험 가입할 필요가 없다'는 주장은 생명보험의 장점에 대해 1도 모르는 꼼수설계사들이 늘어놓는 궤변일 뿐이다. 여성도 남성들과 마찬가지로 인간이기 때문에 언젠가는 반드시 사망하며, 그에 따라 사망보험금이 지급되기 때문에 그들의 주장은 맞지 않는다. 생명보험, 그중에서도

종신보험은 여성들에게도 꼭 필요한 보험이다.

1) 여성이 종신보험이 필요한 첫 번째 이유

보장금액의 차이일 뿐 여성도 사망보험금이 반드시 필요하다.

아직은 남성들이 여성들보다 가정의 생계를 책임지는 비율이 높고 여성들에 비해 음주, 흡연율도 월등히 높기 때문에 그만큼 죽을 확률이 높다는 점으로 인해서 '사망보험금은 남자들에게 꼭 필요하다'는 인식이 널리 퍼져있다. 그에 따라 설계사들도 여성과 남성의 사망보험금에 이중잣대를 적용하여 여성은 사망보험금이 필요 없다는 식으로 설명을 하고 있다.

그러나 여성도 언젠가는 죽을 수밖에 없는 존재이기 때문에 사망보험금은 꼭 필요하다. 단 보장금액의 차이는 있을 수 있다. 사망보험금의 기능에 집중하여 생각하면 일차적으로 가정의 생계를 책임지지 않는 여성들은 남성에 비해 적은 사망보험금을 설정하여 가입하면 보험료를 줄일 수 있다. 사후정리자금(3,000만원~5,000만원) 정도만 평생 보장되도록 설정하고, 나머지는 수술비, 입원비, 암보험금, 성인병 보험금 등 살아있을 때 받을 수 있는 보험금에 집중하여 보험에 가입하면 보험료도 줄이면서 죽을 때는 물론 살아있을 때도 충분히 종신보험을 활용할 수 있다.

만약 일차적으로 가정의 생계를 책임지는 실질적인 여성 가장이라면? 이런 경우에는 충분한 상담을 통해 사망보험금이 언제까지 얼마나 필요할지 결정을 하고 가입해야 한다. 이는 여성이나 남성이나 모두 해당하는 사항으로 무분별하게 보험료가 비싸지는 것을 방지하는 방법이다. 사망보험금이 가장 필요한 시기(자녀들이 성인이 될 때까지, 빚 상환기간 등)를 충분히 생각하면 60세까지는 1억 사망보험금 보장, 그 이후에는 사후정리자금(3,000~5,000만원)만 보장되는 식으로 일종의 옵션을 설정하여 종신보험 가입이 가능하며, 1억이 평생 보장되는 종신보험보다 월 보험료를 적게는 30%, 많게는 40% 이상 저렴하게 보험에 가입할 수 있다.

2) 여성이 종신보험이 필요한 두 번째 이유

임신, 출산 관련한 보험금은 종신보험(생명보험)에서만 지급된다.

일부 꼼수설계사들은 화재보험·손해보험의 특약 중 여성특정질병 수술비, 유방절제수술비 등 여성에게만 해당되는 특약이 있다는 점을 내세우면서 죽어야지만 도움 되는 종신보험은 필요 없다고 설명하는데 이는 생명보험과 화재·손해보험 수술보험금의 보장금액·보장범위에 대해 제대로 이해를 못하기 때문이다.

오히려 화재·손해보험에서는 여성들에게만 해당되는 임신, 출산 관련 보험금이 아예 지급되지 않지만, 생명보험(종신보험) 가입할 때 수술보험금, 입원보험금 특약을 선택하여 함께 가입한 경우에는 임신 관련 수술비와 입원비를 지급받을 수 있다. 보험약관의 내용을 보면 쉽게 알 수 있다.

제4조(보험금을 지급하지 않는 사유)

1 회사는 다음 중 어느 한 가지로 보험금 지급사유가 발생한 때에는 보험금을 지급하지 않습니다.

① 피보험자가 고의로 자신을 해친 경우. 다만, 피보험자가 심신상실 등으로 자유로운 의사결정을 할 수 없는 상태에서 자신을 해친 경우에는 보험금을 지급합니다.

② 보험수익자가 고의로 피보험자를 해친 경우. 다만, 그 보험수익자가 보험금의 일부 보험수익자인 경우에는 다른 보험수익자에 대한 보험금은 지급합니다.

③ 계약자가 고의로 피보험자를 해친 경우

④ 피보험자의 치매를 제외한 정신적 기능장해, 선천성 뇌질환 및 심신상실

⑤ 피보험자의 임신, 출산(제왕절개를 포함합니다), 산후기. 그러나 회사가 보장하는 보험금 지급사유로 인한 경우에는 보험금을 지급합니다.

⑥ 성병

⑦ 알코올중독, 습관성 약품 또는 환각제의 복용 및 사용

⑧ 전쟁, 외국의 무력행사, 혁명, 내란, 사변, 폭동

• 화재보험·손해보험의 약관 내용 중 보험금을 지급하지 않는 사유

화재보험·손해보험의 약관을 살펴보면 위의 내용처럼 임신, 출산(제왕절개 포함), 산후기 수술보험금은 물론 입원보험금도 아예 보장하지 않는다고 명시되어 있다. 그러나 생명보험에서는 인공임신중절수술(낙태)를 제외한 정상적인 제왕절개수술은 수

술보험금이 지급된다. 그리고 유산으로 인한 자궁소파술도 수술보험금이 지급되며, 출산 전 가진통이 심해 입원하여 치료를 받을 경우에도 입원보험금이 지급되며, 임신성 당뇨, 자궁경관 무력증 증 질병으로 인정되는 경우에는 수술비와 입원비가 보장된다.

구 분	수술명	수술종류
비뇨기계 · 생식기계의 수술 (인공임신중절수술은 제외함)	49. 음경(陰莖) 절단수술 (포경수술 및 음경이물제거수술은 제외)	3종
	50. 고환(睾丸), 부고환(副睾丸), 정관(精管), 정색(精索), 정낭(精囊)관혈수술, 전립선(前立腺)관혈수술	2종
	51. 음낭관혈수술	1종
	52. 자궁, 난소, 난관 관혈수술 (단, 제왕절개만출술 및 경질적인 조작은 제외)	2종
	53. 경질적 자궁, 난소, 난관 수술 [수술개시일부터 60일 이내 2회 이상의 수술은 1회의 수술로 간주하여 1회의 수술보험금을 지급하며 이후 동일한 기준으로 반복 지급이 가능합니다.]	1종
	54. 제왕절개만출술(帝王切開娩出術)	1종
	55. 질탈(膣脫)근본수술	1종

• 생명보험 수술보험금 약관: 자궁, 난소 등의 신체부위 수술 보장

일부 꼼수설계사들이 주장하는 화재보험·손해보험의 여성 관련 수술보험금(유방절제 수술비, 여성 특정질병 수술비 등)은 생명보험 역시 지급한다. 여성 남성 가리지 않고 각 신체 부위에 발생한 질병 또는 재해로 인한 수술인 경우에는 해당 수술보험금을 받을 수 있다.

구 분	수술명	수술종류
피부, 유방의 수술	1. 피부이식수술(25㎠이상인 경우), 피판수술(피판분리수술, Z flap, W flap 제외)	3종
	2. 피부이식수술(25㎠미만인 경우)	1종
	3. 유방절단수술(切斷術, Mastectomy)	3종
	4. 기타 유방수술(농양의 절개 및 배액은 제외) [단, 치료목적의 Mammotomy는 수술개시일부터 60일 이내 2회 이상의 수술은 1회의 수술로 간주하여 1회의 수술보험금을 지급하며 이후 동일한 기준으로 반복 지급이 가능합니다.]	1종

• 생명보험 수술보험금 약관: 신체 부위 중 유방 관련된 수술 보장

위와 같은 생명보험의 수술비특약과 입원비특약 등은 단독으로 가입할 수는 없다. 주계약(사망보험금 또는 상품에 따라 암진단금이 주계약이 되기도 함)이 포함된 상태에서 선택특약의 형태로만 포함되는 부분들이기 때문에 충분한 상담을 통해 나에게 필요한 사망보험금의 금액과 보장시기를 먼저 결정하고, 그다음 살아있을 때 보장받을 수 있는 수술비, 입원비, 암, 성인병 관련 특약을 선택하여 가입한다면 남성뿐만 아니라 여성들도 죽을 때만 도움 되는 비효율적인 보험이 아니라 살아있을 때도 충분히 도움이 되는 효율적인 종신보험에 가입할 수 있다.

3) 여성들도 종신보험이 필요한 그 밖의 이유

해지환급금을 연금으로 사용할 수 있다.

모든 종신보험상품은 기본적으로 보험료 납입면제와 연금전환 기능을 탑재하고 있다.

보험료 납입면제

동일 원인(질병이나 재해)으로 인한 후유장해가 50% 이상 발생할 경우 남은 기간 보험료를 내지 않아도 보험혜택을 받는 기능.

연금전환

납입이 종료된 (만 45세 이후) 계약에 한해 해지환급금을 연금으로 전환신청 할 수 있으며, 저해지환급형 종신보험의 경우 가입 당시의 공시이율이 확정이율로 적용되어 해지 환급금을 적립할 수 있다. 국민연금처럼 종신토록 수령할 수 있는 종신연금도 선택할 수 있다.

종신보험은 저축·연금상품이 아닌 보장성 상품이기 때문에 연금 기능을 주로 내세우며 판매를 한다면 문제가 될 수 있고 그렇게 판매해서는 절대 안 된다. 설계사는 어디까지나 부수적인 기능이라는 점을 반드시 강조해야 하며, 가입자도 연금 기능도 있다는 정도로만 받아들이는 것이 좋다. 해지를 해야지만 받을 수 있는 해지환급금을 해지하지 않고도 연금으로 사용할 수 있다는 점은 가입자에게도 분명히 도움이 되는 기능이기 때문이다.

이처럼 여성들에게도 종신보험이 필요한 이유가 분명함에도 일부 꼼수설계사들이 여성들은 종신보험이 필요 없다고 주장하는 이유는 무엇일까? 그들이 진정으로 여성 가입자들의 주머니 사정을 고려하고 있기 때문일까? 아니다. 그들은 그저 그동안 대한민국에 널리 퍼져있는 여성은 사망보험금 필요 없다는 통념을 교묘하게 사용하며 본인들이 영업활동 하기 편한 상품 위주로만 판매하려 하기 때문이다.

종신보험은 물론, 생명보험상품은 여성들에게도 반드시 필요한 보험이다!

[에필로그]

이 세상에 완벽한 보험은 없습니다

국내에서 법인과 개인을 대상으로 보험영업을 하는 보험회사는 생명보험과 화재·손해보험을 모두 합칠 경우 그 수는 50개를 훌쩍 넘으며, 각 보험회사는 저마다 '자기 보험상품이 최고다', '우리 보험설계사는 훨씬 전문적이다'라고 강조하며 보험시장에서 차지하는 비중을 늘리기 위해 노력하고 있습니다.

50개가 넘는 보험회사들이 취급하고 있는 보험상품 중 완벽한 보험은 과연 존재할까요? 제 대답은 '완벽한 보험은 없다'입니다. 각 보험회사는 서로 다른 이름의 보험상품을 판매하고 있지만, 기본적인 보장개념과 상품개발시 적용되는 공통적인 약관의 내용은 동일하며, 그에 따라 각각의 상품별 장점 및 단점도 대동소이하기 때문에 어떤 보험이 더 좋다, 더 나쁘다고 정의할 수는 없습니다. 자기 얼굴에 침 뱉기 격일 테니까요.

완벽한 보험은 존재하지 않더라도 좋은 보험은 분명히 존재합니다. 좋은 보험은 보험상품이 가지고 있는 기능이 다른 보험회사 상품에 비해 월등히 뛰어나다는 의미는 절대 아닙니다. 보험설계사별로 좋은 보험의 기준이 다 다르기 마련이지만 제가 생각하는 좋은 보험은 본인의 상황을 고려하며 충분한 상담을 통해 가입하는 보험, 한 번 가입으로 오래 유지할 수 있는 보험입니다. 제아무리 뛰어난 보험이라고 하더라도 오래 유지하지 못 한다면 그 보험이 가지고 있는 기능을 활용하지 못함은 물론, 보험이 정말로 필요할 때 보험혜택도 받을 수 없기 때문입니다. 저는 처음 보험영업을 시작한 2009년 이래 오래 유지하는 보험이 좋은 보험이라는 생각으로 일을 하고 있습니다.

이 책을 통해 보험가입을 희망하는 사람들이 단계별로 알아야 할 보험에 대해 설명하고, 꼼수를 부리는 꼼수보험설계사들을 구분하는 방법, 보험가입자들에게 당부하는 내용을 알리는 이유는 간단합니다. 모든 보험가입자들이 자신들의 보험에 어떤 식으로 가입하였고, 어떤 보험에 가입한 것인지, 다시 한번 생각해보기를 바라는 마음에서였으며, 보험가입을 희망하는 사람들이 지금까지 보험서적에는 포함되어 있지 않은 내용들도 접함으로써 보험상담시 보험설계사에게 이리저리 휘둘리지 않도록 하기 위함이었습니다.

보험영업을 9년째 하는 지금에야 이런 형식의 책과 블로그(blog.naver.com/loki123)를 통해 꼼수보험에 대해 설명할 수 있지, 저

또한 보험 일을 시작하기 전인 2008년에는 후배에게 보험사기를 당해 300만원 이상 금전적인 손해를 입기도 했고, 상담내용과 다른 보험임을 뒤늦게 깨달은 뒤에 제대로 된 상담을 통해 보장성보험에 다시 가입하기도 했습니다(당연히 보험료는 더 오를 수밖에 없었죠).

가능하다면 이 책을 읽는 분들은 저와 같은 보험피해를 입지 않으셨으면 합니다. 아무리 직장생활에 이리 치이고 저리 치이느라 보험에 신경 쓸 여력이 없다고 하더라도 조금만 내 보험에 관심을 기울인다면 저와 같은 피해는 입지 않을 거라 생각합니다. 보험피해 안 당해본 사람은 모릅니다. 생각만 해도 분노가 치밀어 오르고, 자다가도 눈이 번쩍 떠지며, 운전을 하다가도 고개를 절레절레 흔든다는 것을 안 당해본 사람은 결코 모릅니다. 굳이 알아야 할 필요도 없고요.

일반인들이 보험에 대한 지식으로 중무장할 필요는 없습니다. 그저 좋은 보험설계사만 구별해내면 그것으로 충분합니다. 보험회사 이리저리 옮기지 않고 최소 5년 이상 같은 보험회사에서 일하고 있는 보험설계사를 구별해서 만날 수만 있다면, 나머지는 그 보험설계사가 알아서 좋은 보험을 골라 상황에 맞도록 구성하여 추천해 줍니다. 보험가입이 완료된 후에는 보험금 청구나 보험료 연체방지 등의 고객관리도 꾸준히 도와줄 것이며, 설령 그 보험설계사가 보험 일을 아예 그만두더라도 본인과 같은 생각을 가지고 있는 또 다른 좋은 보험설계사에게 당신의 보험관리를 부탁한 뒤에 떠날 것입니다.

만약 지금까지 위에서 언급한 좋은 보험설계사를 단 한번도 만난 적이 없었다면 보험인들을 대신하여 제가 사과드리겠습니다. 그리고 앞으로는 보험 때문에 고민하지 않을 수 있도록 간절히 기도하며 꼼수보험설계사에 의한 보험피해를 막는 데 더 신경을 쓰면서 보험 일을 계속해 나가겠습니다.

고맙습니다. 더 열심히 하겠습니다.

9년 차 보험전문가 차병규

보험, 꼼수를 알아야 안 당한다

펴낸날 2018년 2월 1일

지은이 차병규
펴낸이 주계수 | **편집책임** 윤정현 | **꾸민이** 전은정

펴낸곳 밥북 | **출판등록** 제 2014-000085 호
주소 서울시 마포구 월드컵북로 1길 30 동보빌딩 301호
전화 02-6925-0370 | **팩스** 02-6925-0380
홈페이지 www.bobbook.co.kr | **이메일** bobbook@hanmail.net

ISBN 979-11-5858-374-3 (03320)

※ 이 도서의 국립중앙도서관 출판시도서목록(CIP)은 e-CIP 홈페이지(http://www.nl.go.kr/cip)에서 이용하실 수 있습니다. (CIP 2018002273)